Gymnasium Bayern

AF204161

Deutschbuch

Arbeitsheft
mit interaktiven Übungen

9

Herausgegeben von
Kurt Finkenzeller und Andrea Wagener

Erarbeitet von
Katrin Flexeder-Asen (Passau)
Markus Peter (Vilshofen a. d. Donau)
Martin Scheday (Passau) und
Konrad Wieland (Vilshofen a. d. Donau)

 Deine interaktiven Übungen kannst du so freischalten:

1. Melde dich auf scook.de/bayern an. Beim ersten Besuch von scook.de/bayern musst du dich mit einer – nicht notwendig personifizierten – E-Mailadresse registrieren.
2. Gib den unten stehenden Zugangscode in die Box ein.
3. Damit deine Lernstandsdaten gespeichert werden, müssen du und deine Eltern uns bei der ersten Freischaltung der interaktiven Übungen eine Einwilligung dazu geben. Cornelsen speichert die Antworten deiner durchgeführten Übungen für die Nutzungsdauer der interaktiven Übungen. Für Volljährige (über 18 Jahren) ist das Einverständnis der Eltern nicht erforderlich.

Die Nutzungsdauer für die Online-Übungen beträgt nach Aktivierung des Zugangscodes zwei Jahre. In dieser Zeit speichern wir deine Lernstandsdaten für dich; nach Ablauf der Nutzungsdauer werden sie gelöscht.

Dein Zugangscode auf
www.scook.de/bayern

x7dho–p4mab

Die Mediencodes enthalten zusätzliche Unterrichtsmaterialien, die der Verlag in eigener Verantwortung zur Verfügung stellt.

Inhaltsverzeichnis

Die Übersicht auf diesen Seiten hilft dir, **die Arbeit mit dem Arbeitsheft zu planen und zu prüfen**.
Nach dem Bearbeiten einer Übung musst du deine Ergebnisse sorgfältig mit dem Lösungsheft abgleichen.
Trage ein, wann du die Seiten bearbeitet hast, und kreuze an, wie dir die Übungen gelungen sind:

☺ Gut gelungen!   😐 Das meiste richtig.   ☹ Manchmal unsicher.

Sprechen – Zuhören – Schreiben		bearbeitet am	☺	😐	☹
Informieren	4		☐	☐	☐
Einen Informationstext verfassen	4				
Über den Inhalt eines literarischen Textes informieren					
Jane Austen: Stolz und Vorurteil (Auszug)	10		☐	☐	☐
Argumentieren und überzeugen	16				
Einen Kommentar verfassen	16		☐	☐	☐
Eine Pro-und-Kontra-Erörterung verfassen	21		☐	☐	☐
Teste dich! –					
Die drei Grundformen des Schreibens unterscheiden	25		☐	☐	☐

Lesen – Mit Texten und weiteren Medien umgehen		bearbeitet am	☺	😐	☹
Einen argumentativen Sachtext lesen und verstehen	27				
Frank-Walter Steinmeier: Eröffnung der re:publica 2019	27		☐	☐	☐
Eine Kurzgeschichte erschließen	33				
Gabriele Wohmann: Du kriegst nichts geglaubt	33		☐	☐	☐
Ein Gedicht untersuchen	39				
Georg Heym: Der Abend	39		☐	☐	☐
Eine Dramenszene untersuchen	42				
Bertolt Brecht: Der aufhaltsame Aufstieg des Arturo Ui	42		☐	☐	☐

Sprachgebrauch und Sprache untersuchen und reflektieren: Grammatik		bearbeitet am	☺	😐	☹
Was kannst du schon? – Grammatik	46		☐	☐	☐
Rund ums Nomen	48				
Nomen und Pronomen: Der Kasus nach Präpositionen	48		☐	☐	☐
Rund ums Verb	49				
Die Tempora im Blick haben	49		☐	☐	☐
Der Modus der Verben – Konjunktiv und Indikativ	50		☐	☐	☐
Der Konjunktiv in der indirekten Rede	52		☐	☐	☐
Aktiv und Passiv	55		☐	☐	☐
Teste dich! –					
Rund ums Verb	56		☐	☐	☐
Texte überarbeiten mit Hilfe von Proben	57		☐	☐	☐

Rund um Sätze 59

Zusammenhänge herstellen mit Adverbialsätzen 59

Infinitiv- und Partizipialkonstruktionen 62

Relativsätze: Attribute in Form von Nebensätzen 63

Textzusammenhänge sprachlogisch herstellen 64

Teste dich! –
Satzgefüge 66

Sprachgebrauch und Sprache untersuchen und reflektieren: Rechtschreibung und Zeichensetzung	bearbeitet am	☺ ☺ ☹

Was kannst du schon? – Rechtschreibung 67

Groß- und Kleinschreibung 69

Großschreibung: Nominalisierungen 69

Wiederholung: Eigennamen und Herkunftsbezeichnungen 70

Teste dich! –
Groß- oder Kleinschreibung? 71

Getrennt- und Zusammenschreibung 72

Teste dich! –
Getrennt- oder Zusammenschreibung? 75

Strategien zur Vermeidung von Rechtschreibfehlern ... 76

Verlängerungsprobe, Probe zur Großschreibung und
Ableitungsprobe 76

das oder *dass*? 78

Im Wörterbuch nachschlagen: Fremdwörter und Fachbegriffe ... 79

Teste dich! –
Strategien zur Fehlervermeidung anwenden 81

Zeichensetzung 82

Die Kommasetzung in Satzreihen und Satzgefügen 82

Das Komma bei Partizipial- und Infinitivkonstruktionen ... 83

Das Komma bei Appositionen und Erläuterungen 84

Die Zeichensetzung bei Zitaten 85

Teste dich! –
Zeichensetzung 86

Lernstandstest

Ich teste meinen Lernstand 87

Einen Sachtext verstehen

Nicole Sagener: Militärbasis Area 51 – Aliens und fliegende Backbleche ... 87

Einen literarischen Text verstehen

Günter Kunert: Die kleinen grünen Männer 91

Grammatik 93

Rechtschreibung 95

Quellennachweis/Impressum 96

●● Diese Aufgaben sind für Profis, die das Erlernte bereits besonders gut beherrschen.

Informieren

Einen Informationstext verfassen

Einen Informationstext materialgestützt schreiben und überarbeiten

Beim materialgestützten Schreiben verfasst du auf Grundlage verschiedener Materialien (z. B. Texte, Diagramme, Schaubilder) einen eigenen Informationstext. Die Aufgabenstellung sagt dir, was Thema und Funktion deines Textes sein soll und an welche Adressaten er sich richtet. Gehe so vor:

1 Die Aufgabenstellung verstehen
- Kläre, was die Aufgabenstellung verlangt. So bekommst du Anhaltspunkte, worauf du beim Auswerten der Materialien achten musst.

2 Die Materialien erschließen
- Verschaffe dir einen ersten **Überblick,** indem du die **Materialien diagonal liest.**
- **Kläre unbekannte Wörter** und Textstellen aus dem Zusammenhang oder durch Nachschlagen.
- Lies die Materialien mit einem Stift in der Hand. Kläre nach jedem Sinnabschnitt: Was steht in diesem Abschnitt? Was ist für die Bearbeitung der Aufgabe wichtig, was überflüssig?
- **Unterstreiche wichtige Informationen** und notiere am Textrand **Stichpunkte.**

3 Den Schreibplan erstellen
- **Entwirf** einen Schreibplan für deinen Informationstext. **Beachte** dazu die **Struktur der Aufgabenstellung.** Die Abfolge der Teilaufgaben gibt dir den Textaufbau schon vor.

4 Den Informationstext schreiben und überarbeiten
- Formuliere **sachlich** mit **eigenen Worten** und in einer **klaren gedanklichen Struktur.**
- Verdeutliche Zusammenhänge auch sprachlich, z. B. durch Satzverknüpfungen und Überleitungen *(weil, obwohl, daher, ein anderer Punkt ...).*
- Schreibe vorwiegend im **Präsens** und verwende – wenn nötig – die indirekte Rede.
- Prüfe zum Schluss Rechtschreibung, Grammatik und Zeichensetzung.

Worüber sollst du informieren? – Die Aufgabenstellung verstehen

1 **a** Lies die folgende Aufgabenstellung und markiere den Anlass für das Schreiben des Textes orangefarben, das Thema und die vorgegebenen inhaltlichen Aspekte gelb, die Adressaten blau und die Textsorte grün.

An deiner Schule findet ein Informationstag zum Thema „Wie geht es nach der Schule weiter?" statt. Eure Klasse erstellt dazu für eure Mitschüler/-innen eine Informationsmappe über verschiedene Möglichkeiten, die Zeit zwischen Schule und Ausbildung bzw. Studium sinnvoll zu nutzen. Verfasse auf Grundlage der Materialien 1 bis 4 einen zusammenhängenden Informationstext zum Thema „Internationaler Jugendfreiwilligendienst" (IJFD). Gehe darin auf folgende Aspekte ein:
- Erkläre, was ein IJFD ist und unter welchen Bedingungen man daran teilnehmen kann.
- Stelle Lara Langenberg knapp vor und erläutere an ihrem Beispiel Chancen und Probleme eines IJFD.
- Schlussfolgere anhand der Materialien und eigener Überlegungen, für welche Schülerinnen und Schüler die Teilnahme an einem IJFD sinnvoll wäre.

b Kreuze für jede Aussage an, ob sie richtig oder falsch ist.

	richtig	falsch
A Ich soll alles aufschreiben, was ich über den IJFD erfahre, und ihn beurteilen.	☐	☐
B Ich soll in meinem Text den IJFD und die Teilnahmebedingungen erklären, am Beispiel von Lara Langenberg Chancen und Probleme des IJFD erläutern und am Schluss schreiben, für welche Schülerinnen und Schüler ein IJFD geeignet wäre.	☐	☐
C Ich soll Mitschülerinnen und Mitschüler mit einem spannenden Text unterhalten.	☐	☐
D Der Text soll sachlich sein und meine Mitschülerinnen und Mitschüler und ihre Eltern davon überzeugen, dass der IJFD sinnvoll ist.	☐	☐

Die Materialien erschließen: Texte und Grafiken

2 Lies die folgenden Materialien diagonal und notiere für jedes Material stichwortartig, welche Art von Informationen es enthält.

Material 1: _Bericht über_ _____

Material 2: _____

Material 3: _____

Material 4: _____

Material 1:

Mein Lebensabenteuer Kenia

Lara Langenberg ist 20 Jahre alt. Sie absolvierte von 2013 bis 2014 einen Internationalen Jugendfreiwilligendienst in einer Grundschule für Mädchen in Kenia. In ihrem Blog findet sich u. a. ihr Abschlussbericht:

Wenn ich auf meine Zeit als Volontärin in Kenia zurückblicke, wird mir klar, wie unglaublich
5 dankbar ich bin, dass ich die Möglichkeit hatte, so viele ==aufregende Momente== zu erleben und   *Chancen*
so viele wahnsinnig ==interessante und warmherzige Menschen== zu treffen, die mich mit ihren
Geschichten berührt haben.
Aber natürlich waren diese sechs Monate nicht nur einfach. Direkt am Anfang musste ich
einige Probleme bewältigen, die ich so nicht erwartet hätte. Da passt das Sprichwort „Ers-
10 tens kommt es anders und zweitens als man denkt!" wie die Faust aufs Auge. Die einzigen
Informationen, die ich über mein Projekt und meine Wohnsituation hatte, waren, dass ich an
einer Grundschule für Mädchen unterrichten soll, und zwar in Manga, das nur eine halbe
Stunde von Kisii entfernt liegen sollte. Diese Informationen wurden ganz schnell über den
Haufen geworfen, als ich mit meiner Gastmutter nach Manga gefahren bin, das 1,5 Stunden
15 von Kisii entfernt liegt, und auf dem Schultor lesen musste: Manga Girls Highschool. Mädchen zu unterrichten, die gleichaltrig oder sogar älter sind und Englisch teilweise besser können als ich, war das genaue Gegenteil von dem, was ich während meines Freiwilligendienstes machen wollte. Da ich an dieser Situation erst einmal nichts ändern konnte, habe ich die
ersten zwei Monate in der Highschool gearbeitet, währenddessen aber versucht, Kontakt zu
20 einer Primary School nebenan herzustellen, und es nach einigen Wochen auch geschafft, an
beiden Schulen zu unterrichten. Diese ganze Zeit war nicht wirklich einfach für mich. Dazu
kam, dass in der Highschool mit großer Selbstverständlichkeit der Stock benutzt wurde, obwohl es gesetzlich verboten ist. [...] In diesen ersten Monaten habe ich manchmal gezweifelt,
ob es die richtige Entscheidung war, diesen Freiwilligendienst zu absolvieren. Doch wenn ich
25 jetzt darüber nachdenke, hätte mir nichts Besseres passieren können. Außerdem war ich
nicht allein. Wenn ich nach der Arbeit nach Hause kam, verschwand der Zweifel meistens sofort. Ich habe eine unglaublich freundliche, lustige und verständnisvolle Gastfamilie gehabt,
die mich mit offenen Armen empfangen hat. An die anderen Lebensumstände, wie kein
Strom, kein fließendes Wasser, Dusche unter freiem Himmel und Kochen in der Feuerküche,
30 habe ich mich sehr schnell gewöhnt und es eher als abenteuerlich empfunden.
Häufig werde ich gefragt: „Hast du etwas mit deinem Freiwilligendienst bewirkt?" Darauf
weiß ich ganz klar eine Antwort: „Ja, auf jeden Fall!" Ob ich etwas bei den Menschen vor Ort
bewirkt habe, muss man sie selbst fragen. Aber ich selbst habe in dieser Zeit unglaublich viel
gelernt, neue Denkweisen kennen gelernt und mich dadurch weiterentwickelt. Mein Bild von
35 Kenia und den Menschen dort habe ich mit neuen Erkenntnissen übermalt.

Quellenangabe: http://lara-karibu.blogspot.com (aufgerufen 17.02.2020)

Material 2:

Der Internationale Jugendfreiwilligendienst

Ein Auslandsjahr oder auch nur einige Monate im Ausland zu verbringen, ist der Wunsch vieler Jugendlicher, die ihre Schulausbildung abgeschlossen haben und mit dem Studium oder der beruflichen Ausbildung noch nicht beginnen wollen. Der Internationale Jugendfreiwilligendienst (IJFD) ist eine

5 von mehreren Möglichkeiten, diesen Traum vom Ausland zu verwirklichen. [Er] richtet sich an Jugendliche im Alter von 16 bis 26 Jahren. Es ist unerheblich, welche Schulausbildung und ob bereits eine abgeschlossene Berufsausbildung vorliegt. Auch Jugendliche ohne Schulabschluss können am IJFD teilnehmen. Einsatzstellen des Internationalen Jugendfreiwilligendienstes sind gemeinwohlorientierte

10 Einrichtungen, die in folgenden Einsatzbereichen arbeiten:
– im sozialen Bereich, also mit Kindern und Jugendlichen, mit alten, kranken und behinderten Menschen,
– im Sport, in der Kultur sowie der Denkmalpflege,
– auf ökologischem Gebiet, vor allem im Naturschutz, in der Umweltbildung oder in der nachhaltigen Entwicklung,

15 – im Bildungswesen, also in Schulen oder Kindergärten,
– in den Bereichen Frieden und Versöhnung sowie Demokratieförderung.

Quellen: http://www.internationaler-jugend-freiwilligendienst.de/ijfd/ und http://www.internationaler-jugend-freiwilligendienst.de/ijfd/einsatzstellen.html (abgerufen am 07.02.2020)

Material 3:

Bewerbungsfrist und Dauer deutscher Freiwilligendienste

Dunkelblau stellt die kürzeste Zeit zwischen Bewerbung/Anmeldung und Ende des Projekts dar.

Mittelblau bildet den Regelfall ab.

Hellblau stellt seltene Fälle dar.

Quelle: http://www.wegweiserfreiwilligenarbeit.com/ freiwilligendienst-ausland/ (abgerufen am 07.02.2020)

Bewerbungsfrist
Wie lange vor Arbeitsantritt muss ich mich bewerben?

Dauer
Für wie lange muss ich mich engagieren?

Arbeitsantritt

weltwärts
Max. 24 Monate
9-12 Monate / Mind. 6 Monate / Durchschn. 11 Monate

IJFD
Max. 18 Monate
meist 9 Monate / Mind. 6 Monate / Durchschn. 12 Monate

ESK (früher EFD)
Max. 12 Monate
8-12 Monate / Mind. 2 Wochen / Durchschn. 9 Monate

Flexible Freiwilligenarbeit
I. d. R. 2 Wochen bis 4 Monate.
I. d. R. 2 Wochen bis 3 Monate.

kulturweit / naturweit
10-15 Monate / Mind. 6 Monate / Max. 12 Monate

FSJ oder FÖJ im Ausland
Max. 24 Monate
Variabel / Mind. 6 Monate / Durchschn. 12 Monate

ADiA
Variabel, aber i. d. R. nicht unter 6 Monate / 12 Monate

Material 4: Kosten und Taschengeld deutscher Freiwilligendienste

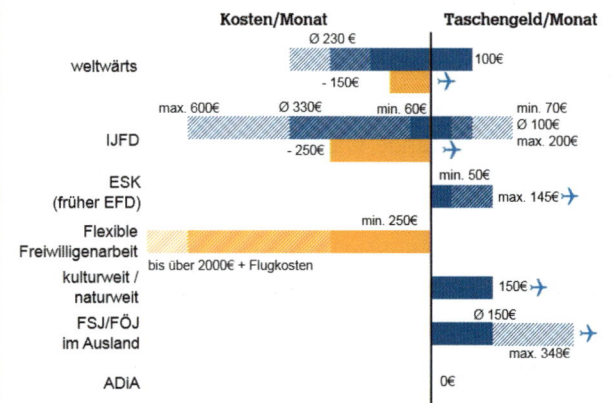

Kosten/Monat

Taschengeld/Monat

weltwärts: Ø 230 € / -150€ / 100€ ✈

IJFD: max. 600€ / Ø 330€ / min. 60€ / -250€ / min. 70€ / Ø 100€ / max. 200€ ✈

ESK (früher EFD): min. 50€ / max. 145€ ✈

Flexible Freiwilligenarbeit: min. 250€ / bis über 2000€ + Flugkosten

kulturweit / naturweit: 150€ ✈

FSJ/FÖJ im Ausland: Ø 150€ / max. 348€ ✈

ADiA: 0€

Bei *weltwärts* und *IJFD* bekommen die Freiwilligen ein Taschengeld, werden aber gleichzeitig auch angehalten, einen Spenderkreis aufzubauen. Der Saldo fällt in der Regel negativ aus (orangefarben dargestellt), wenn das Spendenziel erreicht wird. Sowohl Taschengeld als auch Spendenziel werden in bestimmten Grenzen von den Trägerorganisationen festgelegt und sind deshalb nicht einheitlich.

Quelle: http://www.wegweiser-freiwilligenarbeit.com/freiwilligendienstausland/weltwaerts-projekte/ (abgerufen am 07.02.2020)

3 Lies die Materialien 1 und 2 auf den Seiten 5 und 6 gründlich:
  a Kläre unbekannte Begriffe aus dem Zusammenhang oder mit Hilfe eines Wörterbuchs.
  b Markiere in den Texten wichtige Informationen, die du zur Bearbeitung der Aufgabenstellung (▶ S. 4) benötigst.
  c Notiere am Rand, zu welchem Aspekt (z. B. Teilnahmebedingungen, Chancen ...) die jeweiligen Informationen passen.

4 In einem der Materialien finden sich Aussagen, die für einen Informationstext nicht geeignet sind.
  Erkläre im folgenden Lückentext, welche diese sind und warum sie nicht verwendet werden sollten.
  Gib nur Informationen wieder, die zum Thema bzw. zur Aufgabenstellung passen.

  Material _____ enthält detaillierte Aussagen über _____

  _____

  _____

  Diese Art von Aussagen sollten in einem Informationstext nicht verwendet werden, weil _____

  _____

  _____

  _____

5 a Untersuche die beiden Grafiken (▶ S. 6). Erkläre, welche Balken für deinen Informationstext relevant sind.

  _____

  _____

  _____

  _____

  b Lege dar, welche Informationen die Grafiken zum IJFD liefern.
  Vervollständige dazu die folgenden Sätze.

  Für den IJFD sollte man sich _____ bewerben.

  Die Dauer beträgt _____ bis _____ , im Durchschnitt _____ Monate.

  Die Kosten für den IFJD werden finanziert durch _____

  _____ . Vorausgesetzt, dass _____ ,

  muss nichts dazugezahlt werden. Sollte dies nicht gelingen, können die monatlichen Kosten zwischen _____

  und _____ Euro liegen. Das Taschengeld pro Monat liegt zwischen _____ und _____ Euro, im

  Durchschnitt bei _____ Euro. Die Reisekosten _____ .

Einen Schreibplan erstellen

6 **a** Erarbeite einen Schreibplan für den Hauptteil deines Textes. Notiere dazu in der linken Spalte der folgenden Tabelle, über welche Aspekte du in welcher Reihenfolge informieren möchtest.
 b Ordne jedem Punkt deiner Gliederung in der rechten Spalte der Tabelle die Informationen aus den Materialien zu. Notiere Stichpunkte.
 Tipp: Beachte bei der Gliederung deines Textes die Aufgabenstellung: Die Abfolge der Teilaufgaben gibt dir den Textaufbau vor.

Einleitung

JJFD

Hauptteil

Alter:

Kosten:

Einkommen:

Bedingungen:

Schluss

Teilnahme sinnvoll für:

Den Informationstext verfassen und überarbeiten

7 Verfasse einen Informationstext zum Thema „Internationaler Jugendfreiwilligendienst".
Beachte den Schreibplan von Aufgabe 6 (▶ S. 8) und schreibe ins Heft. Gehe so vor:

a Wecke in der Einleitung das Interesse deiner Leser/-innen und führe in das Thema ein.
Beginne z. B. folgendermaßen:

Viele Schülerinnen und Schüler wünschen sich, nach ihrer Schulzeit...

Mit dem Internationalen Jugendfreiwilligendienst (IJFD)...

Es handelt sich dabei um eine Organisation, die...

b Arbeite mit Hilfe deines Schreibplans (vgl. Aufgabe 6) den Hauptteil deines Textes aus:
Schreibe mit eigenen Worten und formuliere knapp und sachlich. Verdeutliche die
Zusammenhänge der Informationen sprachlich durch Satzverknüpfungen, z. B.:

Die Kosten bleiben relativ gering, wenn man einen großen Spenderkreis aufgebaut hat.

Der IJFD kann eine große Chance sein, weil ... Außerdem...

Allerdings können auf die Teilnehmenden auch Probleme zukommen...

Schreibe vorwiegend im Präsens und gib Äußerungen anderer in indirekter Rede wieder (▶ S. 52), z. B.:

Die Schülerin Lara Langenberg erklärt nach ihrem IJFD in ..., sie habe...

c Folgere am Schluss, für welche Schülerinnen und Schüler die Teilnahme am IJFD sinnvoll wäre, z. B.:

Der IJFD ist lohnend für Schülerinnen und Schüler, die...

d Formuliere eine treffende Überschrift.

---

8 Erstelle Fragen für eine Checkliste zum Überarbeiten eines informierenden Textes und nutze diese bei
●● der Überarbeitung deines eigenen Textes.
Tipp: Der „Wissen und können"-Kasten auf ▶ S. 4 hilft dir dabei.

Enthält der Text alle Informationen zu _____ ?

Wurden unwichtige Informationen oder persönliche Aussagen aus den Materialien _____ ?

Ist der Text für Mitschülerinnen und Mitschüler _____ ?

Ist der Text klar gegliedert in _____ ?

Orientiert die Gliederung sich an _____ ?

Ist der Text _____ und mit _____ formuliert?

Wurde vorwiegend das _____ verwendet und Äußerungen anderer in der _____

_____ wiedergegeben?

Sind Zusammenhänge _____ ?

Über den Inhalt eines literarischen Textes informieren

Wissen und können **Eine Deutungshypothese entwickeln**

Über einen literarischen Text zu informieren heißt, die **wesentlichen Informationen** zu diesem Text (Autor/
-in, Erscheinungsjahr, Textart) zu nennen, eine **Deutungshypothese** zu formulieren, anschließend den **Inhalt
des Textes zusammengefasst** wiederzugeben und die **Darstellungsweise** (z. B. ausgewählte sprachliche
Gestaltungsmittel) herauszuarbeiten.

In einer **Deutungshypothese** formulierst du das eigene Textverständnis, um es für andere nachvollziehbar
zu machen. Sie drückt aus, wie man den Inhalt im Hinblick auf eine allgemeine Aussage verstehen bzw.
interpretieren kann. Bei der näheren Untersuchung des Textes dient sie dir als **gedanklicher „roter Faden".**

1 Lies das folgende Anfangskapitel aus Jane Austens Roman „Stolz und Vorurteil". Notiere kurz, worum es
in dem Text geht und welche Stimmung (z. B. ernst, dramatisch, heiter) von ihm ausgeht.

Jane Austen (1775–1815)

Stolz und Vorurteil (1813, Kapitel 1)

Es ist eine allgemein anerkannte Wahrheit, dass ein
alleinstehender Mann, der ein beträchtliches Vermögen besitzt, einer Frau bedarf.
Wie wenig die Gefühle und Ansichten eines solchen
5 Mannes bei seinem ersten Erscheinen in einer Gegend auch bekannt sein mögen, diese Wahrheit sitzt
so fest in den Köpfen der Familien in der Nachbarschaft, dass er sogleich als das rechtmäßige Eigentum der einen oder anderen ihrer Töchter betrachtet
10 wird.

„Mein lieber Bennet", sagte dessen Gattin eines Tages zu ihm, „hast du schon gehört, dass Netherfield
Park endlich verpachtet worden ist?"
Mr. Bennet erwiderte, das habe er nicht.
15 „Aber so ist es", entgegnete sie, „Mrs. Long war nämlich gerade hier und hat mir alles erzählt."
Mr. Bennet sagte nichts dazu.
„Willst du denn gar nicht wissen, wer es gepachtet
hat?", rief seine Frau ungeduldig.
20 „Du möchtest es mir doch erzählen, und ich habe
nichts dagegen, es zu hören."
Das war Aufforderung genug.
„Also, mein Lieber, Mrs. Long sagt, dass Netherfield
von einem sehr vermögenden jungen Mann aus dem
25 Norden Englands gepachtet worden ist; und dass er
am Montag in einer vierspännigen Kalesche¹ hier-
herkam, um sich den Besitz anzusehen; und er war
so begeistert davon, dass er sofort mit Mr. Morris

übereinkam, es noch vor Michaeli² in Besitz zu nehmen, und einige seiner Diener sollen schon Ende 30
nächster Woche dort sein."
„Wie ist denn sein Name?"
„Bingley."
„Ist er verheiratet oder ledig?"
„Oh, natürlich ledig, mein Lieber! Ein alleinstehen- 35
der Mann mit einem großen Vermögen – vier- oder
fünftausend im Jahr³. Was für eine wunderbare Sache für unsere Mädchen!"
„Wieso das, was haben sie damit zu tun?"

---

1 leicht gebaute Kutsche mit zusammenklappbarem Verdeck

2 29. September, Festtag des hl. Michael

3 Die Kaufkraft von 1000 Pfund im Jahr 1800 entspricht in der Gegenwart in etwa der von 80 000 Euro. Um sich ein Landhaus samt kleiner
   Dienerschaft bei einem relativ bescheidenen Lebensstil leisten zu
   können, benötigte man etwa 2 000 Pfund jährlich.

"Mein lieber Bennet", entgegnete seine Gattin, "wie kannst du nur so schwer von Begriff sein! Du solltest wissen, dass ich daran denke, er könnte eine von ihnen heiraten."

"Will er sich deshalb hier niederlassen?"

"Deshalb! Unsinn, wie kannst du so etwas sagen! Aber es ist doch sehr wahrscheinlich, dass er sich in eine von ihnen verliebt! Und darum musst du ihm deine Aufwartung machen, sobald er hier ist."

"Dafür sehe ich keine Veranlassung. Du kannst ja mit den Mädchen hingehen, oder du lässt sie allein gehen, was vielleicht noch besser wäre, denn da du ebenso hübsch bist wie sie alle, magst du Mr. Bingley vielleicht von allen am besten gefallen."

"Du schmeichelst mir, mein Lieber. Gewiss hatte auch ich mein Teil Schönheit, aber ich gebe nicht vor, jetzt noch etwas Besonderes zu sein. Wenn eine Frau fünf erwachsene Töchter hat, sollte sie aufhören, an ihre eigene Schönheit zu denken."

"In solchen Fällen hat eine Frau oft keine Schönheit mehr, an die sie denken könnte."

"Aber mein Lieber, du mußt Mr. Bingley unbedingt besuchen, wenn er hierherkommt."

"Das kann ich beim besten Willen nicht versprechen."

"Aber denk doch an deine Töchter. Bedenke nur, was für eine Partie eine von ihnen machen würde. Sir William und Lady Lucas sind entschlossen hinzugehen, nur aus diesem Grund; du weißt, im Allgemeinen besuchen sie keine Neuankömmlinge. Wirklich, du *musst* hingehen, *wir* können ihm doch unmöglich selber unsere Aufwartung machen, wenn du es nicht tust."

"Du nimmst das bestimmt allzu genau. Ich wage zu behaupten, dass Mr. Bingley sehr erfreut sein wird, euch zu sehen; und ich werde ihm durch euch ein paar Zeilen zukommen lassen, um ihn meiner aufrichtigen Zustimmung zu versichern, eines der Mädchen, welches er auch wählen möge, zu heiraten; doch möchte ich ein gutes Wort für meine kleine Lizzy einlegen."

"Ich ersuche dich, das nicht zu tun. Lizzy ist kein bisschen besser als die anderen; ganz gewiss ist sie nicht halb so hübsch wie Jane und auch nicht halb so fröhlich wie Lydia. Aber du gibst ihr ja immer den Vorzug."

"Keine von ihnen hat viel Empfehlenswertes", erwiderte er, "sie sind alle genauso töricht und unwissend wie andere Mädchen, aber Lizzy besitzt etwas mehr Intelligenz als ihre Schwestern."

"Mr. Bennet, wie kannst du so schlecht über deine eigenen Kinder reden? Es macht dir Vergnügen, mich zu quälen. Du hast kein Erbarmen mit meinen schwachen Nerven."

"Du irrst dich, meine Liebe. Ich habe großen Respekt vor deinen Nerven. Sie sind meine alten Freunde. Ich habe dich voller Hochachtung seit mindestens zwanzig Jahren von ihnen reden hören."

"Ach, du weißt ja nicht, was ich leide!"

"Aber ich hoffe, du wirst darüber hinwegkommen und noch viele junge Männer mit viertausend Pfund im Jahr in unsere Gegend kommen sehen."

"Das wird uns gar nichts nützen, selbst wenn zwanzig davon hierherkämen, weil du ihnen ja keinen Besuch abstatten wirst."

"Wenn es zwanzig sind, meine Liebe, dann kannst du dich darauf verlassen, dass ich allen meine Aufwartung machen werde."

Mr. Bennet bestand aus einer so seltsamen Mischung aus gelegentlicher Heftigkeit, Schlagfertigkeit, sarkastischem Humor, Zurückhaltung und Kaprice[4], dass die Erfahrungen von dreiundzwanzig Ehejahren für seine Gattin nicht ausgereicht hatten, sein Wesen zu begreifen. Das ihre war weniger schwer zu ergründen. Sie war eine Frau von geringer Einsicht, wenig Kenntnissen und launenhafter Gemütsart. Wenn sie unzufrieden war, bildete sie sich ein, sie sei nervös. Ihre Lebensaufgabe war es, die Töchter zu verheiraten – ihre Freude, Besuche zu machen und Neuigkeiten zu erfahren.

---

4 Eigensinn, Laune

Jane Austen: Stolz und Vorurteil. 14. Auflage Februar 2009. Deutscher Taschenbuchverlag GmbH & Co. KG, München, S. 5–8

2 Das Gespräch der beiden Eheleute wirkt auf moderne Leser/-innen vielleicht ungewöhnlich.
Lies die folgende Hintergrundinformation über den Roman und die Zusammenhänge (Kontexte),
in die das Geschehen eingebettet ist. Bestimme auf den Linien unten die Gründe für das Handeln
von Mrs. Bennet.

> Jane Austens Werk „Stolz und Vorurteil" erschien 1813 in England. Zu dieser Zeit spielt auch die Handlung des Romans. Die Familie Bennet gehört zum sogenannten Landadel und lebt in recht bescheidenen Verhältnissen im Dorf Longbourne, nördlich von London. Bei Grundbesitzern wie den Bennets galt
> 5 damals ein besonderes Erbrecht: Der Besitz konnte immer nur an den ältesten männlichen Nachfahren weitervererbt werden. Nachdem Mrs. und Mr. Bennet fünf unverheiratete Töchter, aber keinen Sohn haben, würden beim Tod von Mr. Bennet seine Ehefrau und ihre Töchter weitgehend ohne Vermögen zurückbleiben. Das Erbe fiele hingegen an dessen Neffen, Mr. Collins. Da Frauen in jener Zeit rechtlich unselbstständig waren und viele Berufe nicht ausüben durften, waren sie zur materiellen Versorgung
> 10 auf die Ehe angewiesen. Ein eigenständiges Leben mit eigenem Einkommen zu führen, war für unverheiratete Frauen sehr schwer und bedeutete meist ein Dasein in wirtschaftlicher Unsicherheit und Not.

_____

_____

_____

3 Betrachte den ersten Satz des Kapitels genauer und notiere, inwiefern die dort gemachte Behauptung von
der im Informationstext (▶ Aufgabe 2) beschriebenen gesellschaftlichen Wirklichkeit um 1800 abweicht.

_____

_____

4 Folgende (erste) Deutungshypothesen sind nur zum Teil gelungen.
a Unterstreiche diejenigen, die lediglich Textinhalte wiedergeben, <u>rot</u> und
diejenigen, die auf eine allgemeine Aussage abzielen, <u>grün</u>.
b Beurteile, welche der Deutungshypothesen der Kernaussage des Textes am ehesten gerecht wird.
Kreuze sie an und begründe im Anschluss deine Meinung auf den Linien unten.

Der Romanbeginn …

☐ … zeigt, dass Mrs. Bennet von der baldigen Ankunft eines neuen Nachbarn erfahren hat.

☐ … demonstriert, wie wichtig es in jener Zeit war, dass ein Mann eine Ehefrau findet.

☐ … führt zu den Themen des Romans – Partnerwahl und das richtige Verhältnis von Mann und Frau – hin.

☐ … gibt das Gespräch zwischen Mr. und Mrs. Bennet wieder.

☐ … soll die Leser/-innen unterhalten und die Figuren lächerlich erscheinen lassen.

☐ … macht deutlich, dass es bei der Wahl des Partners ausschließlich auf dessen Vermögen ankommt.

Vorschlag _____ _erscheint zutreffend, weil_ _____

_____

_____

_____

| **Wissen und können** | **Über einen Romanauszug informieren** |

- Um über einen Romanauszug zu informieren, **fasst du** vornehmlich **die Zusammenhänge eines Textes im Präsens knapp und sachlich zusammen** und gibst für andere, die einen Text nicht gelesen haben, das **Wesentliche des Textes** wieder.
- In der **Einleitung** nennst du **Autor/-in, Titel und Textsorte,** beschreibst den **Inhalt** knapp und formulierst eine **Deutungshypothese** zur Textaussage.
- Im **Hauptteil** gibst du die Handlung mit eigenen Worten in Sinnabschnitten strukturiert wieder. Über den **Handlungsgang** hinaus *(Was wird erzählt?)* sollte auch die **Darstellungsweise,** etwa die Erzählerin / der Erzähler und ausgewählte sprachlich-stilistische Gestaltungsmittel *(Wie wird erzählt?),* beschrieben werden.
- **Wörtliche Rede** gibst du **indirekt** wieder (▶ S. 14).

5 Lies das erste Kapitel aus „Stolz und Vorurteil" noch einmal genau durch und kläre dir unbekannte Begriffe mit Hilfe eines Nachschlagewerkes.

6 Halte in wenigen Sätzen die Kernaussagen der beiden Figuren Mr. und Mrs. Bennet fest. Notiere dabei auch die möglichen Gründe für das jeweilige Handeln.

Mrs. Bennet berichtet

_____

Mr. Bennet

_____

7 Verfasse eine Einleitung für eine Zusammenfassung des ersten Kapitels von „Stolz und Vorurteil". Bei der Formulierung der Deutungshypothese kannst du auf die Ergebnisse der Aufgabe 4 (▶ S. 12) zurückgreifen.

_____

_____

_____

8 **a** Gliedere den Text in Sinnabschnitte, indem du nach jedem Abschnitt ein Absatzzeichen // setzt.
b Erstelle in deinem Heft einen strukturierten Schreibplan zu den einzelnen Inhaltsschritten. Du kannst so beginnen:

1. Sinnabschnitt: Z.1–10: Allgemeine Behauptung zum Thema Wahl des Ehepartners
- *wohlhabende, unverheiratete Männer sind immer auf der Suche nach einer Ehefrau*
- *Eltern unverheirateter Töchter beziehen einen solchen Junggesellen sofort in ihre Verheiratungspläne ein, ohne auf dessen Vorstellungen zu achten*
2. Sinnabschnitt: Z.11–38: Mrs. Bennets Bericht über den neuen Nachbarn und möglichen Schwiegersohn
- *...*

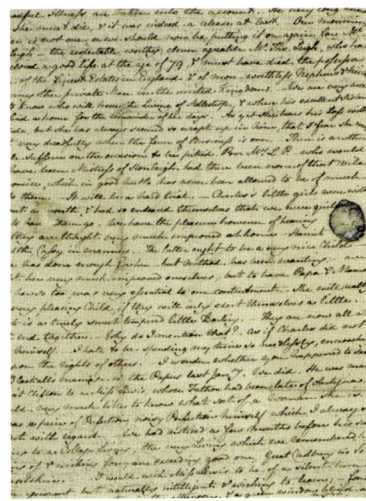

Wissen und können   Die Darstellungsweise untersuchen – Erzähler und sprachlich-stilistische Gestaltung

In epischen Texten übernimmt die Erzählerin / der Erzähler die Darbietung der erzählten Welt (alle Figuren, Objekte, Räume und Handlungen der Geschichte).

- Die Erzählerin / Der Erzähler **kann Teil der erzählten Welt sein (personales Erzählen)** oder auch außerhalb der erzählten Welt stehen. Dann ist sie/er entweder **allwissend (auktorialer Erzähler)** und kann die Handlungen und Gedanken der Figuren auch kommentieren oder **neutral-beobachtend (neutraler Erzähler).**
- Als **Erzählhaltung** bezeichnet man die **Einstellung der Erzählerin / des Erzählers,** mit der sie/er das Geschehen und die Figuren darstellt und bewertet, z. B. distanziert, humorvoll, kritisch oder ironisierend. Die Erzählhaltung wird unter anderem fassbar in der **Darstellungsart,** z. B. Erzählerbericht (erklärend, distanzierend ...), Figurenrede oder erlebte Rede.
- Ein wichtiges Darstellungsmittel ist in diesem Zusammenhang auch die **sprachlich-stilistische Gestaltung** des Textes. Achte hier etwa auf die Wortwahl der Figuren (z. B. Umgangssprache, Standardsprache, einfache oder gehobene Sprache) oder den von ihnen verwendeten Satzbau (z. B. kurze Sätze, Satzreihen oder Satzgefüge).

9 Benenne die Erzählerin / den Erzähler im Text (▶ S. 10–11). Kreuze an und begründe deine Wahl.

Es handelt sich um eine/-n

☐ personale/-n Erzähler/-in, die/der als Figur im Text auftritt.

☐ allwissende/-n Erzähler/-in, die/der die Handlung kommentiert.

Begründung (mit Textbeleg): _____

_____

10 Zu Beginn (Z. 1–10) und am Ende des Textes (Z. 108–119) finden sich zwei längere Passagen, die von der Erzählerin / vom Erzähler gesprochen werden. Hier wird die Erzählhaltung besonders deutlich. Setze die unten begonnene Beschreibung der Erzählhaltung fort. Führe für deine Wahl konkrete Textbelege an. Der Wortspeicher hilft dir. Schreibe in dein Heft.

mitfühlend • humorvoll • ironisch • herablassend • verächtlich • sachlich-distanziert • wütend

Die Erzählhaltung ist eingangs humorvoll. Das erkennt man z. B. daran, dass die Erzählerin / der Erzähler wohlhabende Junggesellen als den natürlichen Besitz der Töchter der Nachbarschaft bezeichnet (Z. 8–10). Allerdings zeigt sich hier bereits ...

11 Erschließe die sprachlich-stilistische Gestaltung des Romanausschnitts genauer.
a Stelle fest, welche Wortwahl für Mr. Bennet typisch ist. Führe die folgende Übersicht in deinem Heft fort.
b Ergänze deine Notizen, indem du im Anschluss die sprachlich-stilistische Gestaltung der Redepassagen von Mrs. Bennet untersuchst.

gehoben und bildungssprachlich, z. B.: ... • oberflächlich, höflich und betont überlegen, z. B.: ... • sarkastisch, z. B.: ...

12 Untersuche den Satzbau der Dialoge genauer. Notiere die Ergebnisse in dein Heft.
a Beschreibe den Satzbau in den Redepassagen von Mrs. Bennet in den Z. 23–31 und Z. 45–48. Achte z. B. auf die Satzlängen und darauf, ob bei zusammengesetzten Sätzen eher v. a. Satzreihen oder Satzgefüge verwendet werden.
b Die Erzählerin / Der Erzähler charakterisiert Mrs. Bennet als „Frau von geringer Einsicht, wenig Kenntnissen und launenhafter Gemütsart" (Z. 114 f.). Zeige, dass man diese Eigenschaften auch an ihrem Satzbau erkennen kann. Schreibe in dein Heft.

Wissen und können   **Eine informierende Zusammenfassung sprachlich gestalten**

- Formuliere mit eigenen Worten **sachlich** und ohne Ausschmückungen.
- Verdeutliche kausale, chronologische, adversative (entgegensetzende/vergleichende), konzessive (einräumende) oder finale (die Absicht verdeutlichende) **Zusammenhänge** durch passende Wendungen, Satzverknüpfungen oder Satzanfänge, z. B. mit: *weil, denn, als, nachdem, jedoch, wenn auch, obwohl, zwar ... aber, um zu, damit.*
- Veranschauliche mit Hilfe knapper Formulierungen die **Textstruktur,** z. B.: *Der Roman beginnt mit ...* In Textpassagen, die viele Dialoge aufweisen, wird die Textstruktur auch durch die Redebegleitsätze verdeutlicht, z. B.: *Auf die Behauptung Mr. Bennets, [...] erwidert Mrs. Bennet [...]*
- Schreibe im Präsens, bei Vorzeitigkeit im Perfekt.
- Verwende keine wörtliche Rede. Nutze für die Wiedergabe wichtiger Gedanken und Äußerungen die indirekte Rede (▶ S. 50–54), *dass*-Sätze, Infinitivkonstruktionen oder Paraphrasen.

13 Wandle die folgenden direkten Reden in indirekte Reden um.

A „Du kannst ja mit den Mädchen hingehen, oder du lässt sie allein gehen, was vielleicht noch besser wäre, denn da du ebenso hübsch bist wie sie alle, magst du Mr. Bingley vielleicht von allen am besten gefallen." (Z. 49 ff.) → indirekte Rede
Mr. Bennet findet, sie könne ja mit den Mädchen ...

B „Aber es ist doch sehr wahrscheinlich, dass er sich in eine von ihnen verliebt! Und darum musst du ihm deine Aufwartung machen, sobald er hier ist." (Z. 46 ff.)

C „[D]u weißt, im Allgemeinen besuchen sie keine Neuankömmlinge." (Z. 68 f.)

14 Lies die folgende Passage aus einer Zusammenfassung des Romananfangs. Sie ist nur zum Teil gelungen.
   a Unterstreiche mit grüner Farbe die Formulierungen, die die Erzählweise, die Textstruktur und die inhaltlichen Zusammenhänge des Gesagten deutlich machen.
   b Unterstreiche die Schwachpunkte des Textes blau. Schreibe den Text verbessert in dein Heft.

Das Romankapitel beginnt humorvoll mit der vom auktorialen Erzähler als Tatsache formulierten Behauptung, dass wohlhabende, unverheiratete Männer immer auf der Suche nach einer Ehefrau sind. Deshalb würden es die Eltern unverheirateter Töchter für ihr gutes Recht halten, einen solchen Junggesellen „als rechtmäßige[s] Eigentum" zu sehen und ihn in ihre Verheiratungspläne einzubeziehen. Auf dessen Vorlieben und Vorstellung werde hingegen nicht geachtet.

15 Formuliere in wenigen Sätzen, wie die sprachlich-stilistische Gestaltung zur Darstellungsweise beiträgt (vgl. die Ergebnisse der Aufgaben 11 und 12). Setze dazu den begonnenen Text in deinem Heft fort und fülle die Lücken.

Die ironische, gegenüber Mrs. Bennet teils herablassende Erzählhaltung wird auch in der sprachlich-stilistischen Gestaltung deutlich. Der Satzbau in Mr. Bennets Redepassagen ist von ? geprägt, was auf ? hinweist. Demgegenüber spricht Mrs. Bennet ? , was ihre Emotionalität demonstriert. Besonders deutlich wird dies z. B. in der Zeile ? . Hier zeigt sich ? . Der Unterschied zwischen dem rational denkenden Mann und seiner emotional handelnden Frau zeigt sich auch in der Wortwahl, die Mr. Bennet von der Erzählerin / vom Erzähler in den Mund gelegt wird: ? .

16 Erschließe in deinem Heft den Beginn des Romans „Stolz und Vorurteil" von Jane Austen, indem du
   – in der Einleitung alle nötigen Angaben zum Text machst und eine Deutungshypothese aufstellst und
   – im Hauptteil über den Inhalt, den Aufbau und die Darstellungsweise des Textes informierst.

Argumentieren und überzeugen

Einen Kommentar verfassen

Bewusst ernähren durch Verzicht auf Fastfood?

1   Lies die folgenden Kommentare aus einem Internetforum für Schüler/-innen, die sich auf die in der Überschrift genannte Themafrage beziehen.

17.03.20xx	Eingestellt von **MaX_1** um 19:15 Uhr

Hipper Lifestyle oder Risiko für die Gesundheit?

Habt ihr das auch schon einmal bemerkt? Wo man geht und steht: Fastfood-Angebote. Vor dem Kaufhaus steht eine Bude mit Currywurst, Kebab gibt's an jeder Ecke und auch im Fernsehen flimmert ständig Fastfood-
5   Werbung. Klar habe ich auch schon Fastfood gegessen! Manche meiner Freunde sagen, Fastfood schade der Gesundheit, aber auch der Umwelt. Andere behaupten, dass sie sich davon ernähren und mindestens einmal pro Woche in ein Fastfood-Restaurant gehen. Also, was nun? Soll man auf Fastfood verzichten oder nicht?

Kommentar schreiben

Milli (17.03.20xx, 19:17 Uhr)	☐ pro ☐ kontra

10   Ich finde Fastfood gut, weil es uns Schülern, aber auch Berufstätigen, die Möglichkeit gibt, in einer kurzen Mittagspause zu essen. In unserer schnelllebigen Welt haben viele doch kaum noch Zeit fürs Essen. Dann doch lieber Fastfood als nichts. Außerdem gilt: Geht schnell und kostet wenig!

Fast-NoGo 17.03.20xx, 19:40 Uhr	☐ pro ☐ kontra

Ich halte Fastfood für gefährlich, weil es meist ungesund und oft von schlechter Qualität ist. Es ist einfach nicht
15   dasselbe wie frische Lebensmittel, die mit Sorgfalt zubereitet wurden. Ich habe z. B. die Erfahrung gemacht, dass ich mich nach dem Essen von Fastfood einfach nicht mehr gut fühle und schnell wieder Hunger bekomme. Wissenschaftliche Studien der Universität Ulm bestätigen dies: Fastfood kann gerade bei Heranwachsenden Allergien auslösen und liefert kaum wertvolle Nährstoffe.

Maria 17.03.20xx, 20:01 Uhr	☐ pro ☐ kontra

20   Ich bin froh, dass es Fastfood gibt. Die unterschiedliche Auswahl bei den verschiedenen Ketten ermöglicht mir abwechslungsreiche Mittagessen. Ich genieße es aber trotzdem in Maßen, dann ist es nicht wirklich ungesund. Der bekannte Ernährungswissenschaftler Udo Pollmer hat in mehreren Zeitungsinterviews hervorgehoben, dass Fastfood-Esser nicht dicker oder kränker seien als andere.

Heinzelmann 17.03.20xx, 20:14 Uhr ☐ pro ☐ kontra

25 Ich lehne Fastfood ab, denn es zerstört die Esskultur. Messer und Gabel, eine ordentliche Serviette, eine Tischdecke, Zeit und Gespräche gehören doch auch zu einem schönen Essen dazu. Bei uns setzt man sich gemeinsam mit der Familie oder im Freundeskreis an den Esstisch. Wir reden über den Tag, über aktuelle Ereignisse und haben einfach mal Zeit füreinander. Zudem setzt man sich für Fastfood ja kaum mal hin. Man isst teilweise im Stehen, schnell und allein. Außerdem produziert man Unmengen an Müll.

MaX_1 17.03.20xx, 20:36 Uhr ☐ pro ☐ kontra

30 @ Heinzelmann: Das sehe ich aber ganz anders. Wir verabreden uns gern in Fastfood-Restaurants. Da trifft man oft die halbe Klasse. In ungezwungener Atmosphäre können wir dort quatschen, solange wir wollen. Außerdem sind da auch viele Familien mit Kindern. Natürlich muss man das Zeug, das dort angeboten wird, nicht andauernd essen. Wie überall gilt auch hier: In Maßen genießen.

2 **a** Markiere in den Kommentaren Meinungen <u>orangefarben</u>, Behauptungen <u>grün</u>, Begründungen <u>blau</u> und Beispiele/Belege <u>rot</u>.

b Kreuze für jeden Kommentar den Standpunkt an: Argumentiert er pro oder kontra Fastfood?

3 Notiere, welche Argumente du mit Hilfe der Informationen aus der Grafik für die Pro- oder Kontraseite anführen kannst.

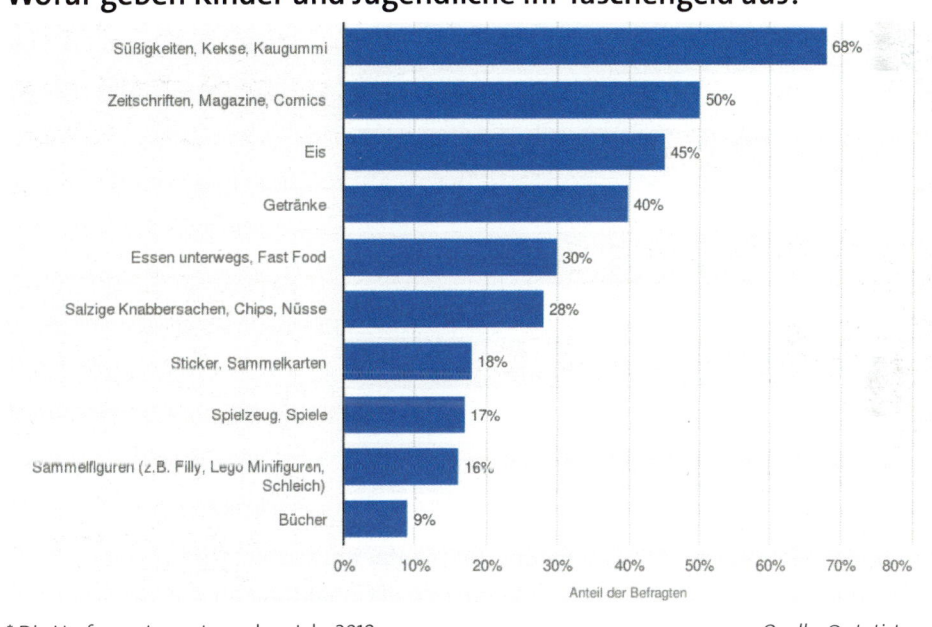

Wofür geben Kinder und Jugendliche ihr Taschengeld aus?*

* Die Umfrage stammt aus dem Jahr 2018   Quelle: © statista.com

4 Nutze die folgende Übersicht für deine Stoffsammlung. Trage deinen Standpunkt ein und notiere dazu passend in der linken Spalte drei Pro- und in der rechten drei Kontra-Argumente.

Mein Standpunkt: *Ich bin für/gegen* _____

Pro-Argumente	Kontra-Argumente
–	–
–	–
–	–

Wissen und können	Einen Kommentar aufbauen

Die **Einleitung** nennt den Anlass des Schreibens. Sie benennt die Fragestellung. Dabei kannst du ein persönliches Erlebnis schildern, z. B.: *Gestern ging ich über den Schulhof und erschrak. Überall lagen … Das muss sich ändern …*
Zudem soll zur Streitfrage hingeführt werden, z. B.: *Im Forum wird ja die spannende Frage diskutiert, ob …; Im Folgenden möchte ich deshalb meine Sichtweise auf das Problem darlegen.*
Im **Hauptteil** wird der eigene Standpunkt deutlich, der mit Hilfe von Argumenten (Behauptungen, Begründungen und Beispielen) gestützt wird. Das überzeugendste Argument steht dabei am Schluss. Dabei wechselst du zwischen schildernden und wertenden Passagen.
An geeigneter Stelle werden auch mögliche **Gegenargumente** aufgegriffen und entkräftet, z. B.: *Natürlich ist nicht zu bestreiten, dass Fastfood nicht besonders gesund ist, was internationale Studien auch belegen, aber …*
Im **Schlussteil** können weiterführende Gedanken oder Wünsche, Empfehlungen und Vorschläge geäußert werden.
Unterstütze deine Aussageabsicht durch **sprachliche Mittel.** Gib deine **Quellen** an, **zitiere** oder gib **wichtige Aussagen indirekt** wieder. Unterteile den Text in Absätze und prüfe deine Rechtschreibung, Zeichensetzung und Grammatik.

5 Wähle aus der Stoffsammlung von ▸ Aufgabe 4 diejenigen Argumente aus, die du in deinem Kommentar entkräften möchtest.

_____

_____

_____

_____

_____

_____

6 Boris und Lena möchten MaX_1 in einem Kommentar antworten. Sie haben bereits Einleitungen verfasst.
a Kreuze von den beiden folgenden Einleitungen die Einleitung an, die nicht gelungen ist.
b Streiche in der Begründung darunter unpassende Informationen durch.

Boris ☐ MaX_1 hat zweifelsfrei recht, wenn er im Internetforum darauf hinweist, dass sich die Klassengemeinschaft oder ganze Familien in Fastfood-Restaurants treffen. Ich finde es dort zwar zu laut zum Quatschen, liebe aber Pommes frites. Ich finde, davon kann es gar nicht genug geben. Jeder Widerspruch ist zwecklos!	**Lena** ☐ Die Beobachtung, die MaX_1 im Internetforum beschreibt, kann ich bestätigen. Familien oder Schüler/-innen findet man auch bei uns in jedem Fastfood-Restaurant. Nicht selten ist dieses Angebot sehr willkommen. Aber man liest oder hört auch oft, dass Fastfood nicht gesund sei. Das schafft tatsächlich Verunsicherung.

Begründung: Die Einleitung von Boris / Lena ist nicht gelungen. Sie geht zwar auf den Sinn / Anlass des Kommentars ein, weckt aber gar kein Interesse daran, über die Vor- und Nachteile / den Nährstoffgehalt des Konsums von Fastfood nachzudenken.
Außerdem leitet sie keine / eine Meinungsäußerung ein, weil sie lediglich eine begründete / unbegründete Behauptung aufstellt.
Darüber hinaus wird ein / kein persönliches Erlebnis geschildert.

Wissen und können — Schildernde oder erzählende Textpassagen

Für die **Einleitung** zu einer Erörterung oder einen schriftlichen Kommentar können auch **erzählende oder schildernde Textpassagen** verwendet werden. Dabei werden bestimmte Situationen genau beschrieben oder nacherzählt, sodass sich die Lesenden gut in sie hineinversetzen können.
Bei schildernden Einleitungstexten spielen die Sinneswahrnehmungen **Sehen, Hören, Riechen, Spüren** eine große Rolle. Mit anschaulichen Adjektiven z. B. *süßlich, sinnlich* und treffenden Verben *knarren, rascheln,* können diese ebenso erzeugt werden wie durch die Verwendung von Vergleichen *so leicht wie ein Vogel* oder Metaphern *ein Berg an wahrer Frische*.

7 Für eine gelungene Einleitung eines Kommentars fehlen allerdings noch schildernde Passagen und eine Überleitung zum Hauptteil.

a Markiere in der gelungenen Einleitung auf der vorherigen Seite, wo du schildernde Passagen ergänzen kannst. Sammele in deinem Heft Ideen, welche Wahrnehmungen du schildern möchtest:

Was siehst du?   Was riechst du?

Fastfood – ja oder nein?

Was hörst du?   Was schmeckst du?

b Überarbeite die Einleitung in deinem Heft, indem du schildernde Passagen einfügst.
Formuliere auch eine Überleitung zum Hauptteil. Die folgenden Bausteine helfen dir:

> Neulich schlenderte ich durch die Stadt und mir fiel auf, wie viel Angebote zu Fastfood ... •
> Vor Kurzem in der Mittagspause ... • Daher habe ich mit großem Interesse ... •
> Aus diesem Grund interessiert mich ...

8 Lege die Reihenfolge deiner Argumente fest und erstelle mit Hilfe der Stoffsammlung eine passende Gliederung, in die du auch die Gegenargumente aufnimmst.
Formuliere anschließend zwei Argumente sowie Gegenargumente aus.
Schreibe in dein Heft.

9 In dem folgenden Ausschnitt aus dem <u>Hauptteil</u> eines Kommentars fehlen sinnvolle Verknüpfungen:
Überarbeite den Textauszug, indem du die angebotenen Formulierungen verwendest.
Du musst den Text dafür umformulieren.
Schreibe die verbesserte Fassung in dein Heft.

> Diesem unbestrittenen Vorteil lassen sich deutliche Nachteile gegenüberstellen: ... •
> weil • Als Beleg lässt sich anführen, dass ... • denn •
> Untersuchungen ... zeigen zweifelsfrei, dass ...

Fastfood-Fans wissen einen schnellen Happen zwischendurch zu schätzen. Es sind oft Menschen, die wenig Zeit haben. In den vielen Fastfood-Ketten und Schnellimbissen bekommt man rasch eine Mahlzeit. Das haben wir alle schon erlebt. Gegner warnen vor dem Genuss von Fastfood. Sie weisen darauf hin, dass es oft keine gute Qualität habe. Wissenschaftliche Studien der Universität Ulm belegen den geringen Gehalt an wertvollen Nährstoffen.

10 Formuliere in deinem Heft ein Fazit aus, das deine Meinung zum Ausdruck bringt.
Verwende das folgende Formulierungsbeispiel.

Obwohl ..., finde ich es dennoch sinnvoll / bin ich dennoch der Meinung, ..., denn ...

11 Schreibe einen Schluss. Verwende dafür eines der angebotenen Formulierungsbeispiele.

> Wenn ich die Argumente für und gegen den Konsum von Fastfood abwäge, dann komme ich zu dem Schluss, dass ... • Sicherlich kann man einwenden, dass ... Jedoch darf man nicht übersehen, dass ... • Ein sinnvoller Kompromiss könnte sein, dass man ...

12 Schreibe einen vollständigen Kommentar für das Internetforum (▸ S. 16 f.),
der auf die Vor- und Nachteile des Konsums von Fastfood eingeht:
Erörtere den Standpunkt, den du für deine Gliederung (Aufgabe 3, ▸ S. 17) festgelegt hast.
Schreibe in dein Heft, die folgenden Formulierungen helfen dir dabei.
Denke an schildernde und erzählende Formulierungen.

> Zu überlegen wäre außerdem ... • Ich kann verstehen, dass ... • Aus meiner Sicht ... •
> Es gibt ebenso gute Gründe für ... • Außerdem sollte man nicht vergessen, dass ... •
> Viele meinen zwar ... • Aber viel entscheidender ist doch ... • Mehrere Untersuchungen zeigen ... •
> Was ich aber für viel wichtiger halte, ist ...

Eine Pro-und-Kontra-Erörterung verfassen

Wissen und können	Materialien auswerten und Argumente entwickeln

In einer Pro-und-Kontra-Erörterung wird – ähnlich wie in einem Kommentar – zu einer Streitfrage argumentiert, wobei ebenfalls ein eigener Standpunkt entwickelt und durch Argumente und Beispiele gestützt wird. Die Argumente und Gegenargumente werden hier aber noch klarer gegenübergestellt und auch die Sprache ist sachlicher und objektiver als im Kommentar. Der Aufbau der Argumente und die Argumentationstechnik sind aber gleich.

Beim Entwickeln von Argumenten helfen dir verschiedene Materialien (Sachtexte, Grafiken etc.), die du vor dem Schreiben auswerten musst. Das Markieren wichtiger Begriffe oder Zahlen, das Anfertigen von Stichwortlisten oder das Anlegen von Mind-Maps ist dabei von zentraler Bedeutung.

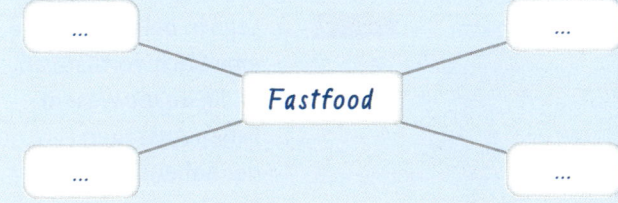

Ist die Einführung eines fleischlosen Tags in Kantinen sinnvoll?

1 Unterstreiche im folgenden Zeitungsbericht wichtige Textpassagen und Zahlen. Überprüfe anschließend, ob die unten aufgeführten Aussagesätze korrekt sind und verbessere die falschen Aussagen in deinem Heft.

Material 1: Die Grünen machen sich für einen fleischlosen Tag pro Woche in Deutschlands Kantinen stark. So sei gut vorstellbar, dass es jeden Donnerstag nur vegetarische Gerichte gebe, sagte Spitzenkandidatin Katrin Göring-Eckardt am Montag in Berlin. Dies werde bereits in mehreren Städten wie Bremen und in Unternehmen so gehandhabt. Bundesregierung und FDP warfen den Grünen Bevormundung der Bürger vor. Damit ist das Reizthema Ernährung im Bundestagswahlkampf angekommen.

„Man muss nicht jeden Tag zwei Burger essen", sagte Göring-Eckardt. Dies entspreche ungefähr dem durchschnittlichen Fleischkonsum der Bundesbürger – nämlich rund 60 Kilogramm pro Kopf und Jahr. Weniger Fleisch zu essen sei gut für die Gesundheit, den Tier- und den Klimaschutz. Zwang hin zum Veggie Day solle es keineswegs geben, betonte Göring-Eckardt. Allerdings könne sie sich vorstellen, dass die Politik es fördere, wenn der Speiseplan an diesen Tagen abwechslungsreich gestaltet werde.

Früher habe es in vielen Familien mindestens freitags kein Fleisch gegeben; ein Veggie Day sei eine moderne Form dieser Tradition. Fraktionschefin Renate Künast sagte der Deutschen Presse-Agentur, als Erstes solle es um die öffentlichen Kantinen gehen. So eine Initiative werde gut ankommen: 60 Prozent der Deutschen seien zu weniger Fleischkonsum bereit. „Es wird ja niemandem etwas verboten."

Quelle: https://www.faz.net/aktuell/wirtschaft/wirtschaftspolitik/veggie-day-gruene-wollen-fleischlosentag-in-kantinen-12397473.html; abgerufen am 02.02.2021.

A Die Partei *Die Grünen* würde in deutschen Kantinen einen fleischlosen Tag pro Woche begrüßen.

B Jeder Deutsche esse, so die Politikerin Göring-Eckardt, durchschnittlich drei Burger am Tag.

C Weniger Fleischkonsum sei gut für den Geldbeutel.

D Die FDP lehnt den Vorschlag ab, weil er die Bürger bevormunden würde.

Material 2: „Wir haben es satt!" – Unter diesem Motto demonstrierten diesen Samstag Zehntausende im Rahmen der „Internationalen Grünen Woche" für eine klimafreundliche Landwirtschaft und gesundes Essen. Die Teilnehmer fuhren mit Traktoren durch Berlin, riefen „Essen ist politisch!" – und sie haben recht.

Die Auswirkungen unserer Ernährung auf das Klima sind immens, vor allem im Hinblick auf die Menge an Fleisch, das aufwendig erzeugt werden muss und große Mengen an Treibhausgasen erzeugt. Doch der Klimawandel ist da und mit ihm all seine Folgen. Wenn wir unsere Erde immer weiter zerstören, wird auch das Thema Essen politisch. Denn wenn nicht die Politik den Klimawandel aufhält, wer dann?

Quelle: http://kurt.digital/2019/01/22/kommentar-wir-brauchen-einen-veggie-day-pro-woche/; abgerufen am 02.02.2021.

Material 3: Tierhaltung

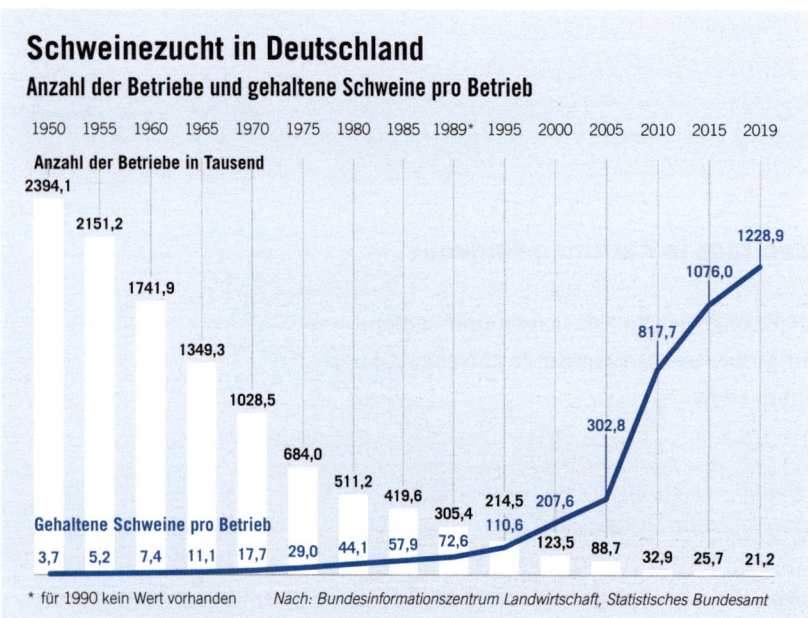

Schweinezucht in Deutschland
Anzahl der Betriebe und gehaltene Schweine pro Betrieb

1950 1955 1960 1965 1970 1975 1980 1985 1989* 1995 2000 2005 2010 2015 2019

Anzahl der Betriebe in Tausend
2394,1
2151,2
1741,9
1349,3
1028,5
684,0
511,2
419,6
305,4
214,5 207,6
1228,9
1076,0
817,7
302,8

Gehaltene Schweine pro Betrieb
3,7 5,2 7,4 11,1 17,7 29,0 44,1 57,9 72,6 110,6 123,5 88,7 32,9 25,7 21,2

* für 1990 kein Wert vorhanden   Nach: Bundesinformationszentrum Landwirtschaft, Statistisches Bundesamt

2
a Lege in deinem Heft eine Stichwortliste an, in die du die wesentlichen Aussagen der nebenstehenden Grafik notierst.

b Stelle einen Bezug zwischen der Grafik links und dem oben abgedruckten Kommentar her: Wie hängen Tierhaltung und Klima zusammen? Informiere dich in Nachschlagewerken oder auf seriösen Internetseiten.

3 Eisen ist wichtig für eine gesunde Ernährung. Sowohl tierische als auch pflanzliche Produkte enthalten es. Werte die Tabelle aus, indem du die Angaben miteinander vergleichst und auf den Leerzeilen Ergebnisse formulierst. Recherchiere weitere pflanzliche Produkte, die mehr Eisen enthalten.

_____

_____

_____

_____

_____

_____

_____

_____

_____

Material 4: Eisengehalt

Lebensmittel	Gehalt an Eisen in mg/100 g
Schweineleber	18,0 – 30,0
Rinderleber	6,6 – 8,3
Rindfleisch, mager	2,3 – 2,8
Kalbfleisch, mager	1,8 – 3,0
Schweinefleisch, mager	1,7 – 3,0
Frankfurter Würstchen	1,2 – 2,3
Huhn	1,5 – 2,0
Ei (Hühnerei)	1,5 – 2,7
– Eigelb	5,1 – 12,2
Käse (Edamer, 45 % Fett)	0,2 – 1,2
Roggenvollkornbrot	2,5 – 4,2
Brötchen	0,5 – 2,3
Butterkeks	0,9 – 4,0
Kartoffel	0,4 – 1,5
Grüne Erbsen	1,6 – 2,1
Apfel	0,2 – 0,9
Aprikose	0,5 – 0,9
Banane	0,4 – 0,7

Quelle:
Deutsche Apothekerzeitung: https://www.deutsche-apotheker-zeitung.de/daz-az/2005/daz-35-2005/uid-14527, abgerufen am 02.02.2021.

4 **a** Lege fest, ob du eher für oder gegen einen fleischlosen Tag argumentieren möchtest.

    b Erstelle aus den bisher zusammengetragenen Informationen eine Stoffsammlung.
Trage stichwortartig jeweils zwei mögliche Argumente zusammen, die deine Position stützen
oder die du widerlegen möchtest. Finde jeweils passende Beispiele für deine Argumente.

Was spricht für, was gegen einen fleischfreien Tag in Kantinen?	
Gründe (+ Beispiele) **dafür (pro)**	Gründe (+ Beispiele) **dagegen (kontra)**
–	–

     Schreibplan: Eine Pro-und-Kontra-Erörterung oder einen Kommentar verfassen

Aufbau:

- Benenne in der **Einleitung** die Fragestellung und leite mit deiner Position zum Hauptteil über.
Du kannst auch ein persönliches Erlebnis schildern, z. B.:
*In einer Talkshow im Fernsehen habe ich vor Kurzem gehört, dass in der Öffentlichkeit die Einführung
eines fleischlosen Tages in Schul- oder Betriebskantinen diskutiert wird. …*

- Anschließend folgt eine Überleitung zum Hauptteil, in dem du auf die Themafrage eingehst, z. B.:
*Im Folgenden möchte ich das Für und Wider … darlegen; Deshalb stellt sich die Frage …;
Im Folgenden möchte ich die Vor- und Nachteile ..;
Es lohnt sich, darüber nachzudenken, was für und was gegen …*

- Führe im **Hauptteil** der Erörterung oder des Kommentars Pro und Kontra-Argumente (inklusive Beispiele/
Belege) an und ziehe abschließend ein Fazit, in dem du deinen Standpunkt deutlich darlegst.
Die Argumente können unterschiedlich angeordnet werden:

1 Das Sanduhr-Prinzip:
Pro und Kontra in Blöcken
Hier werden die Pro- und Kontra-Argumente
(und Beispiele) blockweise gegenübergestellt:
zuerst die Gegenposition, dann die der eigenen
Position. Das überzeugendste Argument
steht am Schluss. Bei der Gegenposition steht
das stärkste Argument am Beginn.

2 Das Ping-Pong-Prinzip:
Fortlaufender Pro-und-Kontra-Aufbau
Hier führst du Argumente (und Beispiele) für und
gegen deinen Standpunkt im laufenden Wechsel an.
Die Gegenargumente kannst du sofort entkräften.
Du kannst aber auch vor einem Wechsel mehrere
Pro- oder Kontra-Argumente aufeinanderfolgen lassen.

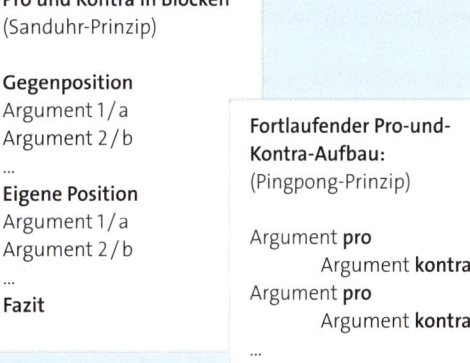

- **Fazit:** Runde am **Schluss** das Thema mit einem weiterführenden Gedanken ab (z. B. Wunsch, Vorschlag
oder Empfehlung). Der Schluss darf keine neuen Argumente enthalten.

5 Ordne die Argumente deiner Stoffsammlung von Aufgabe 4 nach dem Sanduhr- oder Ping-Pong-Prinzip an und erstelle eine Gliederung für deine Erörterung.
Schreibe in dein Heft.

6 Verfasse eine Einleitung für die Erörterung. Nutze dafür den folgenden Satz und wähle passende Formulierungen aus.

In einer Talkshow im Fernsehen habe ich vor Kurzem gehört, dass in der Öffentlichkeit die Einführung eines fleischlosen Tages diskutiert wird.

hohe Wellen • Politiker • kontroverse Ansichten • großer Streit • Ernährung • Im Folgenden • Veggie Day

_____

_____

_____

_____

_____

_____

_____

_____

7 Vervollständige mit Hilfe deiner Stoffsammlung und den folgenden Formulierungshilfen den Hauptteil deiner Erörterung über die Sinnhaftigkeit eines fleischlosen Tags, indem du den unten stehenden Text ergänzt.

Zunächst ist anzuführen, dass ... • Es ist kaum zu bestreiten, dass ... • Dies zeigt sich beispielsweise in ... • Als Beispiel/Beleg hierfür lässt sich anführen, dass ... • So haben Experten festgestellt, dass ... • Aktuelle Umfragen zeigen, dass ... • Andererseits gibt es auch gute Gründe, die gegen ... sprechen • Einerseits ..., andererseits ... • Zudem lässt sich einwenden, dass ... • Hinzu kommt, dass ... • Diese Annahme lässt sich belegen durch ... • Wie eine Untersuchung des ... zeigt ... • Zwar ist das Argument ... nachvollziehbar, jedoch ... • Insgesamt kann man feststellen, dass... • Was dann bewirken würde ...

Ein weiterer guter Grund für die Einführung eines fleischlosen Tags in Schul- und Betriebskantinen ist der Beitrag

zum Klimaschutz. Durch den hohen Fleischkonsum _____

_____ ,

was wiederum dazu führt, dass _____

_____ .

Wie Zahlen des Bundesamtes für Statistik zur Schweinezucht in Deutschland zeigen (vgl. Material 3) _____

_____

_____ , dass dadurch die Emissionen immer weiter in die Höhe

getrieben werden. Durch die Etablierung eines fleischlosen Tags _____

_____

_____ .

8 Fasse am <u>Schluss</u> deine Position zusammen: Ziehe ein Fazit und sprich eine Empfehlung aus.

_____

_____

_____

_____

_____

_____

_____

_____

_____

_____

9 a Verfasse in deinem Heft eine vollständige Erörterung zu folgender Aufgabenstellung:

> Erörtere, ob die Einführung eines fleischlosen Tags in Kantinen sinnvoll ist.

b Überarbeite deine Erörterung. Beachte dabei folgende Gesichtspunkte:

– Die **Einleitung** enthält ein **aktuelles Ereignis / persönliches Erlebnis / Zitat** und führt zur **Themafrage** hin.

– Im **Hauptteil** sind die **Argumente** der eigenen Position sind von schwach nach stark angeordnet.
– **Gegenargumente** werden **entkräftet.**
– Jedes Argument enthält **Beispiele.**
– Zitate oder Hinweise auf **Materialien** werden angegeben.

– Im **Schlussteil** wird ein **Fazit** gezogen oder eine Empfehlung / ein Wunsch geäußert.
– Die Sprache ist **sachlich** und **objektiv.**

Teste dich!

Die drei Grundformen des Schreibens unterscheiden

1 **a** Lies den folgenden Text und ordne den Abschnitten in den Kästchen der rechten Spalte die entsprechende Grundform des Schreibens zu. Diese sind Erzählen, Informieren und Argumentieren.
Arbeite mit drei unterschiedlichen Farben.

b Begründe deine Entscheidung, indem du in den jeweiligen Zeilen unter den beschrifteten Kästchen die Merkmale der jeweiligen Grundform des Schreibens notierst, die auf die jeweilige Textstelle zutreffen.
Arbeite dabei wieder mit den in 1a gewählten Farben.
Der folgende Begriffsspeicher kann dir bei deinen Formulierungen Orientierung geben.

> reales Geschehen • sachlich • überzeugen • einige sprachliche Mittel • anschauliches Beispiel •
> subjektive Wahrnehmung • Aufforderung • Expertenwissen • kaum/keine sprachlichen Mittel •
> Wiedergabe von Fakten • Darlegung der eigenen Position • Standpunkt • Appell • Glaubwürdigkeit •
> persönliche Erfahrung • informieren • Meinung • Sachkenntnis • dokumentieren

Es lebe der Humbug

[...] Im Werbeblättchen ist diese Woche der Clipart-Horror ausgebrochen. Über dem Saftschinken schwebt eine schwarze Fledermaus, hinter den Orangen lauert ein böse grinsender Kürbis, über den Cocktailtomaten fliegt eine Hexe. Das sieht
5 dilettantisch aus und ist albern. Genau so, wie ich mir Halloween wünsche.

In Wahrheit ist Halloween heute in Deutschland eine hochprofessionelle Veranstaltung, schon im Jahr 2011 wurden mit Horrorutensilien und Gruselsnacks 200 Millionen Euro
10 umgesetzt, 15.300 Tonnen heimische Kürbisse wurden verkauft. Das könnte in wirtschaftlich schweren Zeiten eigentlich ein Grund zur Freude sein. Es gefällt aber nicht jedem, wenn es in Zusammenhang mit einem Tag steht, der in gewissen Kreisen bis heute immer nur leicht angewidert
15 und in Verbindung mit „aus Amerika importiert" erwähnt werden darf. [...]

Mit den Eltern am Küchentisch sitzen und mit Löffeln die Kerne aus einem Kürbis kratzen, um ihm dann ein möglichst furchterregendes Gesicht zu schnitzen, ist ähnlich inhaltsleer
20 wie das Basteln von Kastanienmännchen. Bei uns zu Hause gehört beides trotzdem zum Jahreslauf. Kinder denken Wochen im Voraus über ihre Kostüme nach und fürchten sich dann doch selbst ein bisschen vor dem eigenen Erpressungsumzug. Ihn ausfallen zu lassen, wäre undenkbar.
25 Halloween gehört für die Kinder Deutschlands zu ihrem Leben, aufs Angenehmste. Wer damit ein Problem hat, hat einfach nicht begriffen, was Spaß macht.

Quelle: https://www.spiegel.de/panorama/halloween-kommentar-es-lebe-der-humbug-a-1000218.html, von Christian Stöcker, vom 31.10.2014, abgerufen am 21.01.2020. Dieser Text ist aus didaktischen Gründen gekürzt.

Einen argumentativen Sachtext lesen und verstehen

Wissen und können **Einen argumentativen Sachtext (z. B. eine Rede) analysieren**

Ein **Sachtext** verfolgt eine Aussageabsicht (Intention), der Autor / die Autorin will z. B. informieren, werten oder beeinflussen. Auch eine **Rede** ist ein Sachtext, hier ist es der Redner / die Rednerin, der/die mit einer bestimmten Aussageabsicht zum Publikum spricht. Die Zuhörenden sollen für ein Anliegen gewonnen werden. Daher spielt auch die **Redesituation** (Anlass, Ort und Zeit, Publikum) eine wichtige Rolle.

1 **Thema/Inhalt und Gedankengang (Argumentationsaufbau)**
   – Auf welches Thema/Problem konzentriert sich die Rede? Was sind die Hauptaussagen/Thesen?
   – Welche Argumente werden genannt? Ist die Argumentation gut nachvollziehbar?
   – Berücksichtigt der Redner / die Rednerin Gegenargumente? Werden sie direkt genannt?
2 **Aussageabsicht/Intention**
   – Will der Autor / die Autorin bzw. der Redner / die Rednerin informieren, aufklären, beschwichtigen, zum Handeln aufrufen?
3 **Sprachliche Gestaltungsmittel und ihre Wirkung**
   – Wortwahl, z. B. auf- oder abwertende Formulierungen, Anglizismen, Fachbegriffe/Fremdwörter
   – rhetorische Stilmittel, z. B. Vergleiche, Wiederholungen, rhetorische Fragen, Personifikationen.

Schritt 1: Den Text lesen und verstehen

1 a Lies dich anhand des ersten Absatzes ins Thema ein und notiere wichtige Stichworte in der Randspalte.
   b Beschreibe die Redesituation und formuliere kurz und prägnant, mit welchem Thema/Problem sich der Redner befasst.

_____

_____

> Bei der re:publica handelt es sich um die bedeutendste Konferenz Europas zur Digitalisierung.
> Dort werden zentrale Themen und Fragen rund um das Internet und die digitale Gesellschaft diskutiert.
> Teilnehmende sind neben Vertreterinnen und Vertretern der Medien (wie Influencer/-innen oder
> Blogger/-innen) auch Personen aus Unternehmen, der Wissenschaft oder der Politik.

Frank-Walter Steinmeier:

Eröffnung der re:publica 2019

Danke für die Einladung zur re:publica 2019! Über diese Einladung habe ich mich

sehr gefreut! Ich sage Ihnen auch gleich, warum. Aber vorher muss ich eine Ant-

wort auf die Frage geben, die sich vielleicht der eine oder die andere hier im Saal

stellt: Was hat eine so analoge Institution wie der Bundespräsident auf einer so di-

5 gitalen Veranstaltung wie der re:publica zu suchen? Und die besonders Kritischen

fragen vielleicht: Wie weit ist es eigentlich mit dieser freigeistigen, ungebundenen,

nicht-hierarchischen Konferenz gekommen, dass sie das Staatsoberhaupt zur Er-

öffnung bittet? Müssen wir am Ende noch die Nationalhymne mit ihm singen?

Bundespräsident
Frank-Walter Steinmeier
zur Eröffnung der re:publica 2019
am 6. Mai 2019 in Berlin

Nein, meine Damen und Herren, ich kann Ihnen versichern: Es ist nicht die Eti-

10 kette, die uns heute zusammenbringt, sondern es ist die Sache! Ich glaube, dass es

tatsächlich eine gemeinsame Sache ist. Denn das Motto der diesjährigen re:publica,

das „Lob des langen Arguments", das Bekenntnis zu Recherche, Differenzierung

und Abwägung, gegen Unwissen, Grobschlächtigkeit und falsche Vereinfachung,

dieses Motto ist ein Weckruf an die politische Debattenkultur – nicht nur im Netz,

15 füge ich hinzu, sondern ganz allgemein: ein notwendiger Weckruf gegen den Zeit-

geist von Verkürzung und Vereinfachung! Deshalb bin ich gerne gekommen. [...]

Wenn uns die Zukunft dieser Demokratie am Herzen liegt, dann müssen wir uns

um die politische Debattenkultur im Netz gemeinsam kümmern! Für diesen Im-

puls danke ich den Macherinnen und Machern der re:publica ganz ausdrücklich.

20 Wie soll das gelingen? Zunächst steht eines außer Frage: Das Internet hat mehr

Kommunikation zu mehr Themen mit mehr Teilnehmern hervorgebracht, als es je

zuvor gegeben hat. Der menschliche Gewinn ist unermesslich – für Wissenschaft

und Forschung, für Kultur und Kreativität, für Wirtschaft und Wohlstand! Bei

Fontane hieß Auswandern noch Abschied auf Nimmerwiedersehen. Heute kom-

25 munizieren – rund um die Uhr, rund um die Welt – Eltern mit ihren Kindern,

Unternehmen mit ihren Kunden, Wissenschaftler mit ihren Forschungspartnern.

Überall in den Nischen des Netzes entstehen großartige Formen von Kollaboration,

Kreativität und kulturellem Fortschritt. Und natürlich: Dieser digitale Fortschritt kann auch zum Nutzen der Demokratie sein – seine Potenziale sind noch lange

30 nicht ausgeschöpft.

Dennoch und umso mehr frage ich mich, warum gerade die politischen Debatten, die ich im Netz erlebe, so oft dazu neigen, toxisch zu werden. Ich frage mich: Woraus speist sich der grassierende Verlust an Vernunft, die wütende Suche nach Sünden- böcken? Warum findet der Appell an unsere niedrigsten, nicht an unsere besten

35 Instinkte so viel Gehör?

Es ist gut, dass die re:publica solchen Fragen Raum gibt. Es ist eben nicht altvä- terlich, sondern hochaktuell und notwendig, noch einmal grundsätzlich und aufs Neue zu fragen: Was macht eine gute, demokratische Debatte überhaupt aus? Meine Antwort wäre: Vernunft auf der einen Seite – die Bereitschaft, mit Argumen-

40 ten zu überzeugen und sich von besseren Argumenten überzeugen zu lassen – und auf der anderen Seite: Zivilität. Das heißt: Wertschätzung und Vertrauen, Empathie und Respekt für ein Gegenüber, das – bei aller Individualität oder Anonymität, die das Netz zu schützen weiß – immer auch einen legitimen Teil zur Debatte beizutra- gen hat.

45 Beide Eigenschaften – Vernunft und Zivilität – gilt es zu schützen. Und beide brau- chen Raum und langen Atem. Natürlich kann auch ein Tweet vernünftig und zivili- siert sein. So mancher kurze Hashtag hat große und wichtige Debatten angestoßen. Wichtige Debatten aber, wenn sie gut sein sollen, brauchen Zeit. Deshalb bin ich froh, dass gerade im Netz die Lust an der Langform zu wachsen scheint – bei Pod-

50 casts etwa, bei „Longreads", durch immer bessere journalistische Angebote im Netz.

Vernunft und Zivilität sind die Währung einer guten Debatte. Aber jede gelingende Debatte braucht ein Fundament, und das besteht aus Regeln.

Der 70. Geburtstag des Grundgesetzes in diesen Tagen erinnert uns an jenen Zu-

55 sammenhang, der älter ist als „online" und „offline": Freiheit braucht Regeln, und

neue Freiheiten brauchen neue Regeln. Und: Mit der Meinungsfreiheit kommt

auch eine Meinungsverantwortung.

Ich weiß, über Regeln wird auf der re:publica Jahr für Jahr kontrovers diskutiert.

Vom NetzDG bis zum Telemediengesetz, vom Äußerungsrecht bis zur Daten-

60 schutzgrundverordnung – Regeln gibt es bereits viele, und wir werden über weitere

streiten müssen.

https://www.bundespraesident.de/SharedDocs/Reden/DE/Frank-Walter- Steinmeier/Reden/2019/05/190506-Eroeffnung-Republica.html#

2 **a** Lies die Rede von Frank-Walter Steinmeier vollständig durch. Markiere dabei inhaltlich zentrale Textstellen und unterstreiche Begriffe, die dir unbekannt sind. Kläre sie in der Randspalte.
b Kreuze an, welche Position der Bundespräsident zum Thema Kommunikation im Internet vertritt:

A ☐ Der Redner konzentriert sich auf die Gefahren der Kommunikation im Internet.

B ☐ Der Redner spielt die Bedeutung der Kommunikation über das Internet herunter.

C ☐ Der Redner plädiert für eine verantwortungsvolle Kommunikation im Internet.

3 In der Rede werden Begriffe aus dem Bereich der digitalen Medien verwendet. Erkläre ihre Bedeutung, indem du die Begriffe links mit der passenden Erläuterung rechts durch eine Linie verbindest.

Hashtag	Gesetz zur Verbesserung der Rechtsdurchsetzung in sozialen Netzwerken
Longread	zeitunabhängig hörbare Audiodatei, die aus dem Internet herunter-geladen oder direkt gestreamt werden kann
Podcast	ausführliche, lange journalistische Texte im Internet
NetzDG	mit einem vorangestellten Rautezeichen markiertes Schlüssel- oder Schlagwort in einem [elektronischen] Text

Schritt 2: Den Text analysieren

4 Lies die Rede (S. 27–29) noch einmal gründlich und untersuche den Gedankengang (Argumentationsaufbau) der Rede: Markiere die Thesen und Argumente mit unterschiedlichen Farben.

5 **a** Drei der folgenden Thesen werden in der Rede vertreten. Kreuze sie an.
b Prüfe, ob du diese drei Thesen beim gründlichen Lesen (Aufgabe 4) markiert hast.

A ☐ Debatten im Netz sind wegen der notwendigen ausführlichen Argumentation schwierig.

B ☐ Kommunikation über das Internet stellt einen Gewinn für die Gesellschaft dar.

C ☐ Die Anonymität des Internets begünstigt das Interesse an „Longreads".

D ☐ Ein umfassendes Regelwerk für das Kommunizieren schränkt die Meinungsfreiheit ein.

E ☐ Verantwortung und Respekt müssen in der digitalen Kommunikation eingefordert werden.

F ☐ Sinnvolles Argumentieren muss in einer Demokratie einen hohen Stellenwert haben.

6 Gib die drei Begründungen, durch die folgende zentrale These gestützt wird, mit eigenen Worten wieder.
Zentrale These: „Beide Eigenschaften – Vernunft und Zivilität – gilt es zu schützen." (Z. 45)

... weil Wertschätzung und Vertrauen

... weil

... weil

7 Wenn du einen argumentativen Sachtext analysierst, ist es notwendig, die Aussagen des Autors – oder wie hier bei der Rede die Aussagen des Redners – wiederzugeben.
Dabei kannst du den Sprecher wörtlich (direkt) zitieren oder seine Aussage sinngemäß durch ein indirektes Zitat wiedergeben. Äußerungen Dritter können auch in der indirekten Rede wiedergegeben werden.
Arbeite den folgenden Text aus, indem du die entsprechend passende Zitatform einsetzt.

Frank-Walter Steinmeier führt an, er freue sich sehr über das Motto

der Messe. Er betrachte es nämlich als einen

(vgl. Z.15 f.)

Ergänzend fordert er

(vgl. Z.17 f.)

Bezüglich der Umsetzung einer angemessenen Kommunikationskultur im Internet appelliert Steinmeier also an

8 Kreuze die richtige Antwort an: Die Aussageabsicht des Textes ist es, ...

A ☐ das Publikum von der Notwendigkeit einer verantwortungsvollen Kommunikation im Internet zu überzeugen.

B ☐ dem Publikum die Angst vor zu vielen Regeln für das Kommunizieren im Internet zu nehmen.

C ☐ das Publikum über die sich ständig aktualisierenden Regeln für die digitale Kommunikation zu informieren.

| Wissen und können | Sprachliche/rhetorische Gestaltungsmittel (Auswahl) |

Nenne sprachliche Gestaltungsmittel, belege sie durch Zitate und **beschreibe ihre Wirkung**:

- **Wortwahl und Sprachstil,** z. B. Fremdwörter, Anglizismen, Jugendsprache → Bezug zum Publikum? „Hochwertwörter", z. B. *Demokratie, Transparenz* → schaffen eine positive Haltung
- **Ich-Botschaften:** z. B. eigene Erfahrungen → zeigen persönliche Seite, erzeugen Nähe
- **Personalpronomen,** z. B.: *wir* → wecken Gemeinschaftsgefühl, wirken authentisch
- **rhetorische Fragen** (Scheinfragen ohne Antwort) → beziehen Zuhörende in Überlegungen ein
- **bildhafte Formulierungen,** z. B. Metaphern, Vergleiche, Personifikationen → Veranschaulichung
- **Wiederholungen/paralleler Satzbau** → Nachdruck, Beschwörung eines Sachverhalts

9 Reden sind in besonderer Weise sprachlich gestaltet, um bei den Zuhörerinnen und Zuhörern auch Wirkung zu erzielen. Die Rednerin / Der Redner gibt sich Mühe, möchte gehört werden und verwendet rhetorische Gestaltungsmittel. Auch Frank-Walter Steinmeier arbeitet so. Dementsprechend finden sich auch in seiner Rede sprachliche bzw. rhetorische Gestaltungsmittel. Untersuche seine Rede.

a Ergänze die beiden Spalten.

Sprachliches/rhetorisches Gestaltungsmittel	Textbeispiel
Bildhafte Formulierung / Metapher	*„dieses Motto ist ein Weckruf" (Z.14)*
	Zeitgeist von „Verkürzung und Vereinfachung" (Z.15 f.)
Wortwahl und Sprachstil	
	„die Währung" einer guten Debatte (Z.52)
Personalpronomen „uns"	*„Wenn uns die Zukunft [...] am Herzen liegt" (Z.17)*
Ich-Botschaften	

b Erläutere nun die Wirkung sprachlicher / rhetorischer Gestaltungsmittel. Ergänze dazu zunächst Beispiel 1. Wähle dann zwei weitere Beispiele aus Aufgabe 9 a aus und beschreibe, was sie an der Stelle, an der sie vorkommen, bewirken. Nutze dazu den „Wissen und können"-Kasten und bedenke, dass für eine gut verständliche Erklärung manchmal mehrere Sätze notwendig sind.

1 Mit dem parallelen Satzbau „Freiheit braucht Regeln, und neue Freiheiten brauchen neue Regeln" (Z. 55 f.) wird die Forderung nach sinnvollen Regeln für die digitale Kommunikation zum Ausdruck gebracht. Der Redner will

betonen, dass _____

2 _____

_____

3 _____

_____

Eine Kurzgeschichte erschließen

Einen Erzähltext erschließen

1 Thema/Inhalt:
– Was ist das **Thema** des Textes? Gibt es zentrale Motive? Was bedeuten sie?

2 Aufbau der Handlung:
– Wie sind Ausgangssituation und Schluss (offen/geschlossen) gestaltet?
– Gibt es einen Höhe- bzw. Wendepunkt? Wird Spannung erzeugt? Auf welche Weise?
– Wird linear erzählt oder gibt es Rückblenden und/oder Vorausdeutungen (Zeitgestaltung)?

3 Figuren:
– Welche **Figuren** kommen vor? Wie ist ihr Charakter gestaltet? In welcher Beziehung stehen sie zueinander? Erfahrt ihr etwas über die Gedanken und Gefühle (innere Handlung) der Figuren oder liegt der Schwerpunkt auf der Darstellung der äußeren Handlung?

4 Erzähler:
– Welche **Erzählform** (Ich-Erzähler/-in oder Er-/Sie-Erzähler/-in) liegt vor? Wie wirkt dies?
– Welches **Erzählverhalten** (auktorial oder personal) liegt vor? Wie wirkt dies? Ist der Erzähler selbst Teil des Geschehens?

5 Sprachlich-stilistische Auffälligkeiten:
– Gibt es Besonderheiten im **Satzbau,** z. B. einfache, kurze Sätze (Parataxe) oder längere Satzgefüge (Hypotaxe)?
– Werden Sätze oder Wörter **wiederholt?** Gibt es ein **Leitmotiv?**
– Gibt es Besonderheiten bei der Sprache/Wortwahl (z. B. Jugendsprache, sachliche Sprache)?
– Werden **sprachliche Bilder** (Personifikationen, Metaphern, Vergleiche) gebraucht?

Besonderheiten: Gibt es Textstellen, die **Andeutungen** enthalten, **Fragen** aufwerfen? Welche Fragen bleiben ungeklärt? Ergeben sich **Deutungsmöglichkeiten** daraus?

Die Analyse einer Kurzgeschichte kann Aufgabe in einer **Schulaufgabe** sein.

Schritt 1: Die Kurzgeschichte untersuchen und verstehen

1 Lies die folgende Kurzgeschichte.

Gabriele Wohmann

Du kriegst nichts geglaubt (2006)

Was ich bei Johanna und Lee, Lee ist mein amerikanischer Stiefvater, außerdem beobachte: Du kriegst nichts geglaubt, nicht in der Ehe, nichts, was nicht total plausibel klingt. Ich habe, anders als Lee und als
5 vorher mein Vater, einen Blick dafür, speziell für Johanna, und ich weiß, wann sie schummelt, wann aber auch ganz und gar nicht. Und ganz und gar nicht den geringsten Anlass, dran zu zweifeln, gabs, als sie Lee zum ich weiß nicht wievielten Mal erklär-
10 te: Ich hab mit Carlos einen saublöden Abend verbracht. Ich schwörs dir. Sie setzte die Wörter vonein-

ander ab, wie eine Lehrerin, die in der ersten Klasse ein Diktat gibt.

Ich wusste, sie hatte sich diesen Carlos endgültig abgeschminkt. So was merke ich ihr einfach an, für 15 mich wars sonnenklar, aber Lee blieb stur, wie es Jahre zuvor mein Vater geblieben wäre, stur und bitterböse. Männer kapieren überhaupt nichts. Männer und Frauen, dazwischen liegen Welten, ich meine, wenn es hart auf hart kommt. Oder so: Diese Welten 20 liegen immer zwischen ihnen, aber in Friedenszeiten fällts keinem auf.

Lee konnte nur immer wieder fragen: Und warum bist du so ewig mit ihm in diesem Bistro hängengeblieben, wenns so saublöd war?

Sie sehen nur Fakten, Uhrzeiten, sie sind Vermesser, die Männer. Unser Familienleben regt mich wirklich nicht zu der Absicht an, jemals zu heiraten. Nicht, wenn ich an meinen Vater denke, und durch Lee hat sich daran weniger als wenig geändert.

Und alles andere als hellsichtig benahm Lee sich, als Johanna noch wirklich an Carlos interessiert war. Ich sah auch das sofort, sie machte sich was aus ihm – hat mir übrigens nicht gefallen, sie führte sich albern auf –, aber Lee war arglos wie ein Mistkäfer, der in der Mitte vom Waldweg krabbelt und nicht am Rand, wo die Radfahrer und die Fußgänger ihn mit geringerer Wahrscheinlichkeit niederwalzen.

Jetzt, bei Johannas grässlicher Rückkehr – sie hatte eine Freundin besucht, aber hauptsächlich, um bei der Gelegenheit Carlos zu treffen –, jetzt sprachen sämtliche Indizien gegen sie. Männer lieben Indizien. Da war zum Beispiel Johannas Fahrlässigkeit. Sie hatte in einem Taxi ihre Plastiktasche liegengelassen, mit nichts Wichtigem drin, aber immerhin. So was passiert ihr sonst nicht. Johanna ist in manchen Dingen eher überkorrekt, mein Lieber, hätte ich beinah zu Lee gesagt, aber das hätte die Sache erst recht verdächtig gemacht. Und dann: Seit wann verschläft eine Frau, die so selten mal lang und gut schläft wie Johanna? Sie hat anrufen und eine spätere Ankunft mit dem Bus ankündigen müssen. Als Lee sie immer wieder darauf festnagelte und Johanna wegen ihres guten langen Schlafs beargwöhnte – ist er gut im Bett, der Schuft, und so weiter –, schrie Johanna plötzlich: Mein Gott, ich war so nervös und auf der ganzen Fahrt im Bus so, ich weiß auch nicht, so entfremdet, ich hab nichts mehr verstanden, ich hatte Angst, und die Gegend war, als wäre ich nie dort gewesen, ich hab immer noch Angst, daß ich geisteskrank werde.

Oder dass ichs schon bin, geisteskrank.

Lee lachte, es hörte sich furchtbar feindselig an. Aber er war so todunglücklich wie sie, das muss ich zu seiner Ehrenrettung sagen. Dass er ihr niemals glauben würde, in all den kommenden Jahren, nie und nimmer, das ist für ihn so schlimm wie für sie. Das kapierte ich plötzlich. Ich hasste sie beide, und beide liebte ich. Aber lang werde ich hier nicht mehr bleiben.

Scherben hätten Glück gebracht. Erzählungen. Aufbau Verlag, Berlin 2006, S. 65 f.

2 **Beschreibe deine ersten Leseeindrücke.**

_____

_____

3 **a** **Notiere in Stichworten: Wird eher aus der Sicht einer männlichen oder weiblichen Figur erzählt?**

_____

_____

b **Lies die Geschichte ein zweites Mal und kennzeichne dabei die im Text nicht herausgehobene wörtliche Rede mit Anführungszeichen.**

●●● **c** **Erkläre im Heft: Warum hat die Autorin keine Anführungszeichen eingefügt?**

d **Schreibe auf, welche Erzählform und welches Erzählverhalten vorliegen.**

4 **a** Worum geht es? Jede der folgenden Aussagen beschreibt inhaltliche Aspekte der Kurzgeschichte.
Kreuze zwei Aussagen an, die gemeinsam das Thema genau wiedergeben.
Tipp: Ein gutes Verständnis des Themas führt zu einer sogenannten Verstehens- oder Deutungshypothese.
Diese hilft dir, den Text genau zu analysieren.

A ☐ Das zentrale Thema der Kurzgeschichte ist die Untreue einer Frau namens Johanna.

B ☐ In der Kurzgeschichte geht es darum, was typisch für Männer und was typisch für Frauen ist.

C ☐ Die Kurzgeschichte zeigt, wie familiäre Erfahrungen das Menschenbild eines jungen Menschen prägen.

D ☐ Im Mittelpunkt der Kurzgeschichte steht eine junge Teenagerin, aus deren Sicht erzählt wird und die sich von ihrer Familie löst.

E ☐ Thema der Kurzgeschichte ist ein Ehestreit, verursacht durch einen Vertrauensverlust.

b Erkläre, was der Titel konkret bedeutet und wie er sich auf den Inhalt der Kurzgeschichte bezieht.

_____

_____

_____

Wissen und können   **Die Zeitgestaltung in einer Erzählung: Rückblende und Vorausdeutung**

Der Erzähler kann sich an die zeitliche Ereignisfolge halten und chronologisch erzählen.
Er kann aber auch die aktuelle Handlung unterbrechen und in Rückblenden von vergangenen Ereignissen erzählen oder in Vorausdeutungen Ereignisse vorwegnehmen.
Jede **Rückblende** liefert z. B. Informationen, die zum Verständnis der Handlung beitragen.
Die **Vorausdeutung** kann die Spannung steigern, indem Zukünftiges erzählt wird.
Tipp: Zeitsignale sind z. B. Adverbien wie _damals, heute_ und die Tempora der Verben.

5 Trage die wichtigen Handlungsschritte chronologisch in die folgende Zeitleiste ein (Stichworte).

Vorgeschichte (Rückblende)	Gegenwart (aktuelle Handlung)	Zukunft (Vorausdeutung)

6 **Was erfährst du über die Figuren Johanna und Lee?**
  a **Verwende zwei Farben und unterstreiche im Text Informationen, beziehe auch die wörtliche Rede ein.**
  b **Notiere Stichworte, die Johanna und Lee charakterisieren.**

Johanna	Lee

7 **Untersuche die sprachlich-stilistische Gestaltung des Textes: Notiere zu jedem Punkt Textbelege.**

umgangssprachliche Formulierungen: _____

_____

auffällige Wiederholungen: _____

_____

allgemeingültige Aussagen: _____

_____

für mündlichen Sprachgebrauch typischer Satzbau: _____

_____

8 **a** **Markiere im Text Informationen, welche die Jugendliche, aus deren Sicht erzählt wird, über sich selbst gibt.**
  b **Wie wirkt die Figur der Jugendlichen? Kreuze an.**
  c **Schreibe zu jedem Aspekt der Charakterisierung eine kurze Begründung in dein Heft.**

A Das Alter der Jugendlichen liegt vermutlich

☐ zwischen 10 und 16 Jahren. ☐ zwischen 17 und 20 Jahren. ☐ zwischen 20 und 25 Jahren.

B Die Jugendliche wirkt

☐ verstört. ☐ selbstsicher. ☐ kindlich. ☐ ohne Illusionen. ☐ voreingenommen.

C Das Verhältnis der Jugendlichen zu Johanna ist

☐ verständnislos. ☐ distanziert. ☐ vertraut. ☐ besserwisserisch. ☐ zugeneigt.

D Die Jugendliche befindet sich

☐ in einer verzweifelten Situation. ☐ in einer stabilen Lebensphase. ☐ an einem Wendepunkt.

9 **Inwiefern beeinflussen die familiären Erfahrungen der Jugendlichen ihre Ansichten über Männer, Frauen**
●●● **und Familie? Notiere deine Beobachtungen mit Angabe von Textbelegen im Heft.**

Schritt 2: Die Kurzgeschichte schriftlich erschließen

Wissen und können	Einen literarischen Text erschließen

Die Untersuchung und Erschließung eines literarischen Textes orientiert sich an der jeweiligen Aufgabenstellung: So kann beispielsweise nach dem Handlungsverlauf, den Figuren, der Sprache oder dem Motiv
(Thema) gefragt werden.

In der **Einleitung** der schriftlichen Bearbeitung werden Autor/-in, Titel, Textsorte und das zentrale Thema
bzw. die Kernaussage des Textes genannt.

Im **Hauptteil** werden die Ergebnisse der Texterschließung dargelegt und mit passenden Textbeispielen be-
legt. Je nach Aufgabenstellung solltest du eingehen auf:
– Inhalt und Aufbau der Geschichte (Handlung chronologisch, auch: äußere, innere Handlung),
– Figuren und ihre Beziehungen zueinander,
– Erzähler und Erzähltechnik, sprachlich-stilistische Gestaltung,
– evtl. Besonderes im Hinblick auf die Textsorte (z. B. Kurzgeschichte, Parabel).

Am **Schluss** kann eine kurze Stellungnahme zum Text oder dessen Thema erfolgen. Auch die Textgestaltung
kann bewertet werden.

1 Formuliere eine **Einleitung**. Greife dazu auch auf die Ergebnisse von Aufgabe 4 auf Seite 35 zurück.

_____

_____

_____

2 Gib im **Hauptteil** deiner Erschließung Inhalt und Aufbau der Kurzgeschichte sowie die Beziehung der
Figuren wieder, indem du die folgenden Satzanfänge zu Ende führst. Verwende auch deine Ergebnisse von
den Aufgaben 3 (▶ S. 34) und 5 (▶ S. 35).

Die Jugendliche erzählt von _____

Vermutlich ist die Jugendliche die Tochter von Johanna, denn _____

_____

Über Johanna und ihre Beziehungen erfährt man, dass _____

_____

Während sich in der Vergangenheit also einiges ereignet hat, besteht die äußere Handlung zum Zeitpunkt

des Erzählens _____

_____

Die Jugendliche erwartet für die Zukunft _____

_____

Sie kommt zu dem Schluss, _____

3 a **Stelle die Ergebnisse deiner sprachlich-stilistischen Untersuchung dar, indem du im folgenden Text Falsches durchstreichst.**

b **Setze die sprachliche Untersuchung an einem weiteren Beispiel fort. Nutze den Wortspeicher. Schreibe in dein Heft.**

| „Sie sehen nur Fakten, Uhrzeiten, sie sind Vermesser, die Männer." (Z. 26 f) | Reihung |

| Nomen | berechenbar | Charaktereigenschaften |

Der Text ist überwiegend umgangssprachlich geprägt, was an Formulierungen wie „Diese Welten liegen immer zwischen ihnen" (Z. 20 f.) / „Du kriegst nichts geglaubt" (Z. 2–3) deutlich wird. Weitere Beispiele für eine am Mündlichen orientierte Sprachebene sind Adjektive wie „saublöden" (Z. 10) / „bitterböse" (Z. 17–18). Diese vor allem auch in der Erwachsenensprache/Jugendsprache anzutreffenden Wörter machen deutlich, dass es sich bei der Ich-Erzählerin um die Tochter Johannas handelt, die hier ihre Befürchtungen/Eindrücke schildert. Hierzu passen gerade am Beginn des Textauszuges die zahlreichen Satzreihen/Einschübe, die an einen Bericht/Plauderton erinnern.

4 **Untersuche, welche Merkmale von Kurzgeschichten du am Text belegen kannst, und fasse diese im Heft kurz zusammen.**

> **Merkmale von Kurzgeschichten:**
> geringer Umfang; alltägliches Geschehen (Ausschnitt); unmittelbarer Einstieg; zielstrebiger Handlungsverlauf hin zu einem Höhe- oder Wendepunkt; offener Schluss, der viele Deutungsmöglichkeiten zulässt; Alltagssprache mit einfachem Satzbau und umgangssprachlichen Elementen in direkter Rede.

5 **Schließe deine Erschließung mit einer kurzen Stellungnahme ab. Du kannst dafür auf deine ersten Leseeindrücke (▶ S. 34, Aufgabe 2) zurückgreifen und/oder die folgenden Fragen als Anregung nutzen:**

- Inwiefern ist die dargestellte Situation typisch für Familien?
- Was könnte man kritisch gegen das Männer-/Frauen-/Familienbild der Jugendlichen einwenden?
- Gelingt es der (über 80-jährigen) Autorin Gabriele Wohmann, die Innensicht einer jungen Frau überzeugend zu gestalten?

6 **Verfasse im Heft eine vollständige Erschließung der Kurzgeschichte (▶ S. 33–34). Beachte den „Wissen und können"-Kasten von Seite 37 und verwende alle Ergebnisse der Textuntersuchungen von den Seiten 34 bis 38.**

7 **Formuliere für den „Wissen und können"-Kasten auf Seite 37 Fragen für eine Checkliste zur Textüberarbeitung, z. B.:** *Habe ich in der Einleitung alle Angaben genannt: Name des Autors / der Autorin, …?* **Schreibe ins Heft und nutze die Checkliste anschließend, um deine Erschließung zu überarbeiten.**

Ein Gedicht untersuchen

Wissen und können	Ein Gedicht untersuchen und verstehen – Leitfragen

Um ein Gedicht zu verstehen und das eigene Textverständnis für andere nachvollziehbar in einer Deutungshypothese formulieren zu können, musst du das Zusammenwirken sprachlicher und formaler Gestaltungsmittel erkennen und ihre Wirkung auf die Lesenden einzuschätzen. Folgende Leitfragen helfen dir dabei:

1 **Inhalt, Thema:**
   - Wird eine Handlung oder Situation/Szene beschrieben? Oder werden Gefühle, Eindrücke, Gedanken oder eine Stimmung dargestellt?
   - Was bedeutet der Titel des Gedichts? Welchen Bezug hat er zum Gedicht?

2 **Der Sprecher / die Sprecherin (das lyrische Ich):**
   - Tritt ein/-e Sprecher/-in ausdrücklich in Erscheinung (ich/wir) oder ist diese/-r nicht direkt greifbar?
   - Welche Haltung nimmt der Sprecher / die Sprecherin ein (z. B. begeistert, traurig, preisend, kritisch)?
   - Gibt es einen Adressaten (du/ihr) oder wendet sich der Sprecher / die Sprecherin an sich selbst?

3 **Formaler Aufbau:**
   - Ist das Gedicht in Strophen (regelmäßig/unregelmäßig) gegliedert?
   - Ist das Gedicht gereimt? Liegt eine besondere Reimform vor?
   - Ist ein Metrum (z. B. Jambus, Trochäus, Daktylus) erkennbar? Gibt es Abweichungen?

1 a Lies das folgende Gedicht von Georg Heym: Überfliege es zunächst und lies dann genau.
b Markiere Auffälliges und notiere rechts Überlegungen zu Inhalt, Form und sprachlicher Gestaltung.

Georg Heym

Der Abend (1910)

	Reimform	Notizen
Versunken ist der Tag in Purpurrot,	a	Blick in die Natur
Der Strom schwimmt weiß in ungeheurer Glätte.	b	ruhige Flusslandschaft
Ein Segel kommt. Es hebt sich aus dem Boot	a	
Am Steuer groß des Schiffers Silhouette.		Dämmerung – Umrisse
Auf allen Inseln steigt des Herbstes Wald		Enjambements
Mit roten Häuptern in den Raum, den klaren.		
Und aus der Schluchten dunkler Tiefe hallt		
Der Waldung Ton, wie Rauschen der Kitharen[1].		Vergleich: Musik
Das Dunkel ist im Osten ausgegossen,		
Wie blauer Wein kommt aus gestürzter Urne.		
Und ferne steht, vom Mantel schwarz umflossen,		
Die hohe Nacht auf schattigem Kothurne[2].		

(Verse 5 und 10 sind nummeriert.)

Strophen: _____   Verse je Strophe: _____

Reimform: _____

1 Kitharen: Plural von Kithara, Saiteninstrument im Altertum
2 Kothurn: hoher Stelzschuh altgriechischer Schauspieler

2 **Erschließe den Inhalt des Gedichts genauer:**

a **Umkreise eine Formulierung, die das Thema genau trifft.**

Einsamkeit   glückliche Heimkehr von einer Schiffsreise

Sehnsucht nach Fernreisen   Inseltourismus

Naturerleben an einem herbstlichen Abend   religiöse Erfahrung am Fluss

b **Gib kurz den Inhalt jeder Strophe wieder: Trage die angebotenen Formulierungen passend ein.**

> Anbrechen der dunklen Nacht in der Ferne • ruhige Flusslandschaft mit Segelboot •
> Blick auf Herbstwald mit rot gefärbtem Laub • Umrisse des Bootsführers

Die erste Strophe schildert _____

Im roten Licht des Sonnenuntergangs sind _____ erkennbar.

In der zweiten Strophe richtet sich _____ ,

Waldesrauschen ist zu hören. Schließlich wird in der **dritten Strophe** _____

_____ thematisiert.

c **Stelle einen Bezug zwischen Inhalt und Titel her. Kreuze die passende Erläuterung an.**

Der Titel „Der Abend" ...

A ☐ ist zweideutig. Es wird zwar nur die Tageszeit benannt, im Gedicht schwingen aber Bilder des Lebensabends mit.

B ☐ macht deutlich, dass es im Gedicht ausschließlich um eine Darstellung des Übergangs vom Tag zur Nacht geht.

C ☐ weist auf die pessimistische Weltsicht Georg Heyms hin.

3 a **Untersuche die Sprechsituation genauer. Überprüfe dazu, ob ein/-e Sprecher/-in ausdrücklich in Erscheinung tritt (z. B. mit *ich, wir, mein*) und ob das Gedicht einen Adressaten (z. B. mit *du, ihr, euer*) unmittelbar anspricht. Notiere dein Ergebnis kurz.**

b **Beschreibe in deinem Heft, welche Haltung die Sprecherin / der Sprecher einnimmt und begründe deine Meinung mit Textbelegen. Folgende Fragen helfen dir dabei: Wirkt sie/er unruhig oder ruhig? Stellt sie/er die Szenerie positiv oder negativ dar? Ist ihr/sein Ton melancholisch, ironisch, ergriffen, preisend, sachlich, drohend?**

4 **Erarbeite einige formale Gestaltungsmittel.**

a **Notiere Strophen- und Verszahl sowie Reimform neben dem Gedicht (▶ S. 39).**

b **Bestimme das Metrum, indem du die Betonungszeichen setzt, z. B.**
„Versúnken íst der Tág in Púrpurrót ..."

Metrum: _____

c **Welcher Gesamteindruck ergibt sich dadurch? Kreuze zwei Begriffe an.**

☐ expressiv   ☐ disharmonisch   ☐ harmonisch   ☐ monoton   ☐ geordnet   ☐ ungeordnet

Wissen und können   **Ein Gedicht untersuchen und verstehen – Leitfragen**

4 Sprachliche Mittel
- Welche **sprachlichen Bilder** (Metaphern, Personifikationen, Vergleiche) werden verwendet?
- Liegen besondere **Stilfiguren** vor, z. B. Alliteration (Wiederholung von Anfangsbuchstaben), Parallelismus (paralleler Satzbau) oder Anapher (Wiederholung von Wörtern am Versanfang)?
- Welche **Wörter** oder Wortarten fallen auf? Gibt es Neologismen (Wortneuschöpfungen)?
- Hat das Gedicht einen bestimmten **Klang,** z. B. durch vokalreiche Wörter? Liegt eine Häufung von hellen/dunklen Vokalen oder „harten" Konsonanten vor?

5 Erschließe die sprachlichen Bilder: Lege im Heft eine Übersicht nach folgendem Muster an und notiere darin Textbelege.

Textbeleg (mit Vers)	Sprachliches Bild (Art)	Wirkung (Deutung)
– „Der Strom schwimmt weiß […]" (V. 2)	– Personifikation	– Naturszene, der Fluss ist aktiv / wird vermenschlicht, (Farb-)Assoziation: Wasseroberfläche steht in scharfem Kontrast zum Abendrot, Stimmungsbild
– „Ein Segel kommt […]" (V. 3)	– …	– …

6 Vom Gedicht geht beim Lesen eine gewisse Harmonie aus. Lies das Gedicht laut und schreibe Wortbeispiele heraus, die diesen Eindruck hervorrufen.

Wortbeispiele: _____

7 **a** Markiere im Gedicht die Farben, die darin vorkommen.
b Ordne für jede Farbe passende Beschreibungen ihrer Wirkung im Gedichtzusammenhang zu.

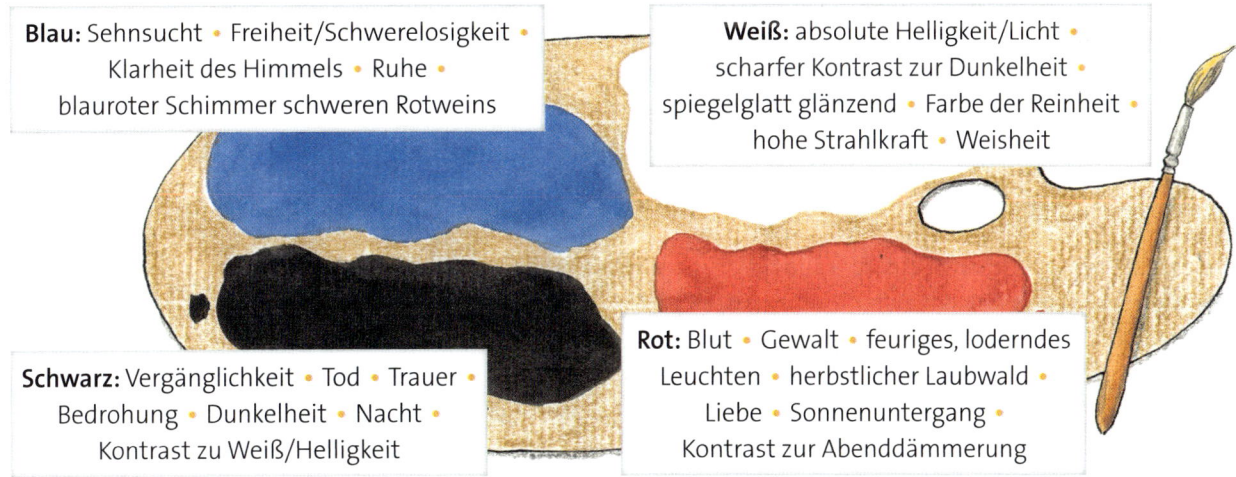

Blau: Sehnsucht • Freiheit/Schwerelosigkeit • Klarheit des Himmels • Ruhe • blauroter Schimmer schweren Rotweins

Weiß: absolute Helligkeit/Licht • scharfer Kontrast zur Dunkelheit • spiegelglatt glänzend • Farbe der Reinheit • hohe Strahlkraft • Weisheit

Schwarz: Vergänglichkeit • Tod • Trauer • Bedrohung • Dunkelheit • Nacht • Kontrast zu Weiß/Helligkeit

Rot: Blut • Gewalt • feuriges, loderndes Leuchten • herbstlicher Laubwald • Liebe • Sonnenuntergang • Kontrast zur Abenddämmerung

c Betrachte die Farben im Zusammenspiel: Welche Wirkung entsteht? Setze den Satz unten fort.

Der Farbwechsel bewirkt, dass der Leser / die Leserin _____

8 Formuliere eine Deutungshypothese zu diesem Gedicht und begründe deine Meinung in deinem Heft.
●●● Du kannst die folgenden Formulierungen verwenden:

Im Kern geht es im Gedicht um … • Insgesamt wirkt das Gedicht auf die Lesenden … •
Im Zentrum des Gedichts steht …

Eine Dramenszene untersuchen

Diese Leitfragen helfen dir, eine Dramenszene zu untersuchen.

1 Inhalt und Thema der Szene, Stellung im Handlungsverlauf (falls das gesamte Drama bekannt ist)
- Worum geht es in der Szene? Welche Figuren treten auf?
- Wo steht die Szene im Handlungsverlauf, was ist ihr vorausgegangen, was folgt ihr?

2 Figuren, Gesprächssituation, Sprache, z. B.:
- Welches Verhältnis haben die auftretenden Figuren zueinander **(Figurenkonstellation)?**
- Welche offensichtlichen und/oder verborgenen **Absichten** verfolgen die Figuren?
- Wie verhalten sich die Figuren? Verändert sich ihr **Verhalten** im Laufe des Gesprächs?
- Welche **Gedanken und Gefühle** werden deutlich? Achte z. B. auch auf die Regieanweisungen.
- Welche **Stimmung** herrscht in der Gesprächssituation vor?
- Wie sind die **Redeanteile** der Figuren verteilt? Dominiert eine Figur das Gespräch?
- Wie lässt sich der **Sprachstil** der Figuren beschreiben (z. B. umgangssprachlich, sachlich, ironisch)? Welche **sprachlichen Mittel** verwenden sie (z. B. Metaphern, Vergleiche, Wiederholungen, Übertreibungen)? Welchen Zweck beabsichtigen sie damit in der konkreten Textstelle?

3 Deutung, Wirkung
- Welche Schlussfolgerungen lassen sich aus dem Verhalten der Figuren ziehen?
- Welche Absicht (Intention) hat die Szene?

1 Werte den Vorspann aus, indem du ein Schaubild mit Informationen zu den genannten Figuren anfertigst. Übertrage dazu die folgende Skizze in dein Heft und vervollständige das Schaubild.

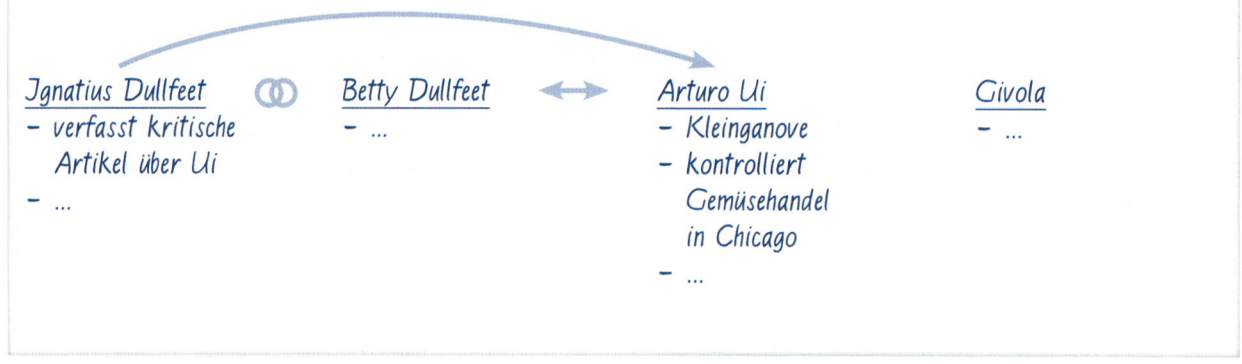

2 a Lies den Szenenausschnitt aus dem Drama „Der aufhaltsame Aufstieg des Arturo Ui".
b Notiere, worum es deinem ersten Eindruck nach geht.

Bertolt Brecht

Der aufhaltsame Aufstieg des Arturo Ui (1957, Auszug Szene 13)

Das Drama „Der aufhaltsame Aufstieg des Arturo Ui" schrieb Brecht 1941 in Finnland, wo er sich auf der Flucht vor dem nationalsozialistischen Regime im Exil befand. In der Figur des Arturo Ui verknüpft er die Lebensläufe von Hitler und Al Capone, einem Gangster aus dem Chicago der 1920er und 1930er Jahre, der sich gleichzeitig als Geschäftsmann darstellte. Die Machtergreifung und der Machtausbau Hitlers werden in die amerikanische Gangsterwelt übertragen.

Dem Ganoven Arturo Ui gelingt es mit gewaltsamen Methoden, die von Erpressung über Brandanschlag bis hin zu Mord reichen, den Gemüsehandel in Chicago unter seine Kontrolle zu bringen. Nun möchte er seinen Machtbereich auf die Nachbarstadt Cicero ausdehnen. Der dort ansässige Zeitungsbesitzer Ignatius Dullfeet verfasst immer wieder kritische Artikel über die Verbrechen von Uis Bande. Nach der Ermordung von Uis engem Vertrauten Roma (durch Ui selbst) versucht Dullfeets Frau Betty, die selbst im Gemüsehandel tätig ist, eine Annäherung zwischen Ui und Dullfeet zu erreichen. Es kommt zu einem Treffen in Givolas Blumenladen. Dieser ist ein weiterer enger Vertrauter Uis.

DULLFEET
Ich tu's nicht gern.
BETTY
                Warum nicht? Dieser Roma
5 Ist weg.
DULLFEET
        Durch Mord.
BETTY
              Wie immer. Er ist weg!
10 Clark sagt vom Ui, die stürmischen Flegeljahre
Welche die besten durchgehn, sind beendet.
Ui hat gezeigt, dass er den rauhen Ton
Jetzt lassen will. Ein fortgeführter Angriff
Würd nur die schlechteren Instinkte wieder
15 Aufwecken, und du selbst, Ignatius, kämst
Als erster in Gefahr. Doch schweigst du nun
Verschonen sie dich.
DULLFEET
           Ob mir Schweigen hilft
20 Ist nicht gewiss. [...]
BETTY
Was willst du machen? Schon
Spricht Cicero davon, dass Ui die Stellung
Des toten Dogsborough bekommen wird.
25 Und, schlimmer noch, die Grünzeughändler schwanken
Zum Karfioltrust.
DULLFEET
Und zwei Druckerei-
30 Maschinen sind mir schon zertrümmert. Frau
Ich hab ein schlechtes Vorgefühl.
Herein Givola und Ui mit ausgestreckten Händen.
BETTY
             Hallo, Ui.
35 **UI**
Willkommen, Dullfeet!
DULLFEET
Grad heraus, Herr Ui
Ich zögerte zu kommen, weil ...
40 **UI**
           Wieso?
Ein tapferer Mann ist überall willkommen.
GIVOLA
Und so ist's eine schöne Frau!
45 **DULLFEET**
           Herr Ui
Ich fühlte es mitunter meine Pflicht

Mich gegen Sie und ...
UI
        Missverständnisse!   50
Hätten Sie und ich von Anfang uns gekannt
Wär's nicht dazu gekommen. Dass im Guten
All das erreicht werden soll, was nun einmal
Erreicht werden muss, war stets mein Wunsch.
DULLFEET   55
Gewalt...
UI
... verabscheut keiner mehr als ich. Sie wär
Nicht nötig, wenn der Mensch Vernunft besäße.
DULLFEET   60
Mein Ziel ...
UI
       ... ist ganz das nämliche wie meins.
Wir beide wünschen, dass der Handel blüht.
Der kleine Ladenbesitzer, dessen Los   65
Nicht grade glänzend ist in diesen Zeiten
Soll sein Gemüse ruhig verkaufen können.
Und Schutz finden, wenn er angegriffen wird.
DULLFEET *fest*
Und frei entscheiden können, ob er Schutz will.   70
Herr Ui, das ist mein Hauptpunkt.
UI
         Und auch meiner.
Er muss frei wählen. Und warum? Weil nur
Wenn er den Schützer frei wählt und damit   75
Auch die Verantwortung an einen abgibt
Den er selbst wählte, das Vertrauen herrscht
Das für den Grünzeughandel ebenso nötig ist
Wie überall sonst. Ich hab das stets betont.
DULLFEET   80
Ich freu mich, das aus Ihrem Mund zu hören.
Auf die Gefahr, Sie zu verletzen: Cicero
Ertrüge niemals Zwang.
UI
        Das ist verständlich.   85
Niemand verträgt Zwang ohne Not.
DULLFEET
        Ganz offen:
Wenn die Fusion mit dem Karfioltrust je
Bedeuten würd, dass damit dieser ganze   90
Blutige Rattenkönig eingeschleppt wird, der
Chicago peinigt, könnt ich ihn nie gutheißen.
Pause.

Ui

95 Herr Dullfeet! Offenheit gegen Offenheit.
Es mag in der Vergangenheit da manches
Passiert sein, was nicht grad dem allerstrengsten
Moralischen Maßstab standhielt. So was kommt
Im Kampf mitunter vor. Doch unter Freunden
100 Kommt so was eben nicht vor. Dullfeet, was ich
Von Ihnen will, ist nur, dass Sie in Zukunft
Zu mir Vertrauen haben, mich als Freund sehn
Der seinen Freund nirgends und nie im Stich lässt.
Und dass Sie, um Genaueres zu erwähnen
105 In Ihrer Zeitung diese Greuelmärchen
Die nur bös Blut machen, hinfort nicht mehr
                          drucken.
Ich denk, das ist nicht viel.

Dullfeet

110   Herr Ui, es ist
Nicht schwer, zu schweigen über das, was nicht
Passiert.

Ui

Das hoff ich. Und wenn hin und wieder
Ein kleiner Zwischenfall vorkommen sollte 115
Weil Menschen nur Menschen sind und keine
                         Engel
Dann hoff' ich, 's heißt nicht wieder gleich, die
                         Leute
Schießen in der Luft herum und sind Verbrecher. 120
Ich will auch nicht behaupten, dass es nicht
Vorkommen könnt, dass einer unserer Fahrer
Einmal ein rauhes Wort sagt. Das ist menschlich.
Und wenn der oder jener Grünzeughändler
Dem einen oder anderen unserer Leute 125
Ein Bier bezahlt, damit er treu und pünktlich
Den Kohl anfährt, darf's auch nicht gleich wieder
                         heißen:
Da wird was Unbilliges verlangt.

Bertolt Brecht: Der unaufhaltsame Aufstieg des Arturo Ui. Edition Suhrkamp 1966, S. 13–16

3 **Prüfe, ob du die folgenden Wörter in ihrem Kontext verstanden hast.**
Ordne die Entsprechungen zu, indem du Linien ziehst.

A ruhig (Z. 67)	1 von nun an
B Fusion (Z. 89)	2 unrechtmäßig
C blutiger Rattenkönig (Z. 91)	3 sorglos, ungestört
D hinfort (Z. 106)	4 Zusammenschluss
E unbillig (Z. 129)	5 gewaltsames Vorgehen

4 **Untersuche das Gespräch mit Hilfe der folgenden Fragen.**
Kreuze Zutreffendes an.

Welche Figur …	Arturo Ui	Ignatius Dullfeet
A hat den größeren Redeanteil?	☐	☐
B kann wiederholt nicht ausreden?	☐	☐
C bestimmt die Themen des Gesprächs?	☐	☐
D fällt ihrem Gesprächspartner häufig ins Wort?	☐	☐
E betont wiederholt die Gemeinsamkeiten in den Absichten der beiden Redner?	☐	☐
F setzt ihre Interessen in diesem Gespräch durch?	☐	☐
G verwendet keine rhetorische Fragen?	☐	☐

5 Kreuze für folgende Aussagen an, ob sie richtig oder falsch sind. Berichtige falsche Darstellungen in deinem Heft. Markiere im vorherigen Textauszug (▶ S. 42–43) die Stellen, auf die sich die richtigen Aussagen beziehen.

	richtig	falsch
A Betty arrangiert das Gespräch zwischen ihrem Mann und Ui in der Hoffnung, ihr Mann werde künftig seine Kritik an Uis Machenschaften unterlassen.	☐	☐
B Betty sieht keine andere Möglichkeit, wirtschaftlich zu überleben, als Uis Machenschaften stillschweigend zu akzeptieren.	☐	☐
C Dullfeet und Ui möchten beide, dass die Ladenbesitzer in Cicero keinen Schutz mehr benötigen.	☐	☐
D Dem Verbrecher Ui ist es gleichgültig, was die Presse über ihn berichtet.	☐	☐
E Ui fordert, dass in Zukunft Rechtsverstöße seiner Handlanger geahndet werden sollen.	☐	☐

6
a **Im Gespräch mit Ui wird Dullfeet ständig von diesem unterbrochen, sodass er seine Gedanken nicht ausführen kann (vgl. Z. 36–59). Stelle Vermutungen darüber an, was er eigentlich sagen möchte. Vervollständige seine Sätze.**
b **Vergleiche deine Vermutungen mit Uis Zwischenbemerkungen. Lege dar, welche Absicht Ui mit der jeweiligen Aussage verfolgt.**

Z. 39: **Dullfeet:** *Ich zögerte zu kommen, weil* ..._____

_____

Z. 41 f.: **Ui:** *Wieso? Ein tapferer Mann ist überall willkommen.*

Deutung: Ui lenkt die Aufmerksamkeit von sich auf Dullfeet und ..._____

_____

Z. 47 f.: **Dullfeet:** *Ich fühlte es mitunter meine Pflicht / Mich gegen Sie und* ..._____

_____

Z. 50 ff.: **Ui:** *Missverständnisse! Hätten Sie und ich von Anfang uns gekannt / Wär's nicht dazu gekommen.*

Deutung: _____

Z. 56: **Dullfeet:** *Gewalt* ..._____

Z. 58 f.: **Ui:** *... verabscheut keiner mehr als ich. Sie wär / Nicht nötig, wenn der Mensch Vernunft besäße.*

Deutung: _____

7 Verfasse eine knappe Deutung der Szene, indem du das Gesprächsverhalten der beiden Hauptfiguren charakterisierst und ihre Absichten darlegst. Berücksichtige auch deine Ergebnisse aus den Aufgaben 5 und 6. Schreibe in dein Heft. Folgende Vorschläge kannst du verwenden.

Skrupellosigkeit · Pressefreiheit zu unterdrücken · Wortgewandtheit · Vorsicht/Zurückhaltung · eingeschüchtert · keine echte Gegenwehr

45

Was kannst du schon? – Grammatik

1 **a** Unterstreiche in den folgenden Sätzen alle Präpositionen. (7 Punkte)
b Markiere Nomen im Genitiv grün, Nomen im Dativ blau und Nomen im Akkusativ gelb.(12 Punkte)

Gut zu wissen: Tischsitten

Nicht nur für den Umgang mit dem Essbesteck gibt es Tischregeln. Auch das Gespräch bei Tisch unterliegt bestimmten Konventionen. Dass man während des Essens seinen Tischnachbarn keinen Einblick in die voranschreitende Zermalmung der Nahrung durch den Kauapparat zumuten sollte, besagt die Regel: „Mit vollem Munde spricht man nicht!"

2 **a** Bestimme das Tempus der unterstrichenen Verben. (6 Punkte)

Nachdem er sich eine Weile mit seiner hübschen Tischnachbarin 1 unterhalten hatte, 2 gefiel ihm das

1 = _____   2 = _____

Familientreffen gleich viel besser. Während er jetzt nach Hause 3 geht, 4 denkt er bei sich:

3 = _____   4 = _____

„Gut, dass wir unsere Handy-Nummern 5 ausgetauscht haben. Morgen 6 werde ich sie anrufen."

5 = _____   6 = _____

b Trage in jeden Satz das vorgegebene Verb im richtigen Tempus ein. (2 Punkte)

A Nachdem ich die SMS | abschicken | _____ , überkamen mich Zweifel.

B Aber während ich die Antwort | lesen | _____ , lösten sich diese Zweifel sogleich auf.

3 Kreuze für die unterstrichenen Verben an:
Indikativ, Konjunktiv I oder Konjunktiv II? (4 Punkte)

	Indikativ	Konjunktiv I	Konjunktiv II
A Die Mutter erklärt Karina, sie finde ihr Verhalten unhöflich.	☐	☐	☐
B Karina hatte nämlich beim Abendessen zum Handy gegriffen.	☐	☐	☐
C Sie erwarte aber doch eine wichtige Nachricht, erklärt Karina.	☐	☐	☐
D „Könntest du dann bitte in dein Zimmer gehen?", bittet ihre Mutter.	☐	☐	☐

4 Forme Satz A ins Passiv und Satz B ins Aktiv um. (2 Punkte)

A Der Redner ignorierte das störende Handyklingeln.

_____

B Die junge Frau wurde vom Saaldiener gebeten, das Handy auszuschalten.

_____

5 a Unterstreiche in jedem Satzgefüge den Nebensatz. (3 Punkte)
  b Setze die fehlenden Kommas an die richtige Stelle. (4 Punkte)
  c Kreuze jeweils an, um welche Art von Nebensatz es sich handelt. (3 Punkte)

Stilsicher bewerben

A Einem Aushang in Ihrer Boutique in der Bonner Wenzelgasse habe ich entnommen dass Sie einen Ausbildungsplatz für Modedesign anbieten.

☐ Relativsatz ☐ Subjektsatz ☐ Objektsatz

B Da ich selbst sehr modebewusst bin und gern zeichne und male bewerbe ich mich um diesen Ausbildungsplatz.

☐ Modalsatz ☐ Kausalsatz ☐ Konditionalsatz

C Die Art von Kleidung die Sie in Ihren Modeläden anbieten entspricht genau meinem Stil.

☐ Subjektsatz ☐ Relativsatz ☐ Modalsatz

6 a Füge je eine der folgenden Konjunktionen passend ein und ergänze die fehlenden Kommas. (8 Punkte)
  b Unterstreiche in den folgenden Nebensätzen die Personalform des Verbs. (4 Punkte)

| indem • weil • obwohl • nachdem |

VORSICHT FEHLER!

A _____ diese Kleidung für ein Vorstellungsgespräch ungewöhnlich war kombinierte Charles Parseval sein gelbes Lieblingshemd mit der leuchtend grünen Hose.

B Er wollte seine Individualität betonen _____ er sich für etwas Auffallendes entschied.

C Außerdem hatte er dieses Outfit gewählt _____ er sich darin besonders wohlfühlte.

D _____ Charles Parseval die Werbeagentur betreten hatte erstarrte er: Alle anderen Bewerberinnen und Bewerber trugen Schwarz.

7 Kreuze für jeden unterstrichenen Gliedsatz an: Infinitiv- oder Partizipialkonstruktion? (4 Punkte)

	Infinitivkonstruktion	Partizipialkonstruktion
A Eine meiner besonderen Begabungen ist es, grafische Muster zu entwerfen.	☐	☐
B Dieser Bewerbung einige Entwürfe beilegend(,) hoffe ich auf Ihr Interesse.	☐	☐
C Meinen Lebenslauf lege ich(,) wie gewünscht(,) handgeschrieben bei.	☐	☐
D Über die Möglichkeit, in einem persönlichen Gespräch Genaueres über die Anforderungen der Ausbildung zu erfahren, würde ich mich freuen.	☐	☐

8 a Überprüfe deine Lösungen mit Hilfe des Lösungsheftes. Für jede richtige Antwort bekommst du einen Punkt.
  b Trage ein, wie du die Aufgaben bewältigt hast: ✔ = das meiste richtig   ? = noch etwas unsicher

Aufgabe	1	2	3	4	5	6	7
Weitere Übungen	Seite 48	Seite 49	Seite 50–54	Seite 55	Seite 57–63	Seite 59–61	Seite 62

Rund ums Nomen

Nomen und Pronomen: Der Kasus nach Präpositionen

> **Wissen und können**   **Nach Präpositionen auf den Kasus achten**
>
> Die Präposition legt fest, welchen Kasus das folgende Wort oder die folgende Wortgruppe (meist ein Nomen mit Nomenbegleiter/-n), haben muss, z. B.:
> - **Präpositionen mit Akkusativ:** *bis, durch, für, gegen, ohne, um, wider,* z. B.: *Er verstößt gegen die Regeln.*
> - **Präpositionen mit Dativ:** *ab, aus, bei, dank, gegenüber, mit, nach, nahe, seit, von, zu,* z. B.: *Bei gutem Benehmen winkt Anerkennung.*
> - **Präpositionen mit zwei Kasus (Dativ oder Akkusativ):** Einige Präpositionen stehen je nach Bedeutung mit dem Dativ oder dem Akkusativ, z. B.: *an, auf, hinter, in, neben, über, unter, vor, zwischen.*
>   – Frageprobe: Bei „Wo …?" steht der Dativ, z. B. *Ich bin im (in dem) Laden.*
>   – Frageprobe: Bei „Wohin …?" steht der Akkusativ, z. B. *Ich gehe in den Laden.*
> - **Präpositionen mit Genitiv:** *anstatt, aufgrund, dank, mittels, seitens, statt, trotz, während, wegen, zwecks,* z. B.: *Aufgrund seines unverschämten Verhaltens musste er das Geschäft verlassen.*

1 **a** Unterstreiche in den folgenden Sätzen die Präpositionen.
b Kreuze an, in welchem Kasus das Nomen steht, das der Präposition folgt.

Präposition +	Akkusativ	Dativ	Genitiv
A	☐	☐	☐
B	☐	☐	☐
C	☐	☐	☐
D	☐	☐	☐
E	☐	☐	☐

A Bitte lassen Sie die Sachen nach der Anprobe nicht einfach in der Kabine liegen.

B Könnten Sie die Bluse bitte nicht auf den Boden fallen lassen!

C Ihr Kind soll bitte den weißen Pullli nicht mit seinen Schoko-Fingern anfassen.

D Trotz unserer Hinweise haben Sie sich selbstständig bedient.

E Für den Fleck werden Sie aufkommen müssen.

2 Kläre für jedes eingerahmte Nomen den Kasus mit der Frageprobe. Notiere beides unter dem Satz und trage die Präposition und das Nomen (mit Artikel) oder das Pronomen ein.

Warteschlange an der Kasse

A Bitte stellen Sie sich an + Ende   *an das Ende*   der Schlange.

W_____ stellen Sie sich? → Kasus: _____

B Entschuldigung, treten Sie bitte meinem Dackel nicht auf + Pfoten _____ !

_____

C Könnten Sie sich bitte mit dem Kleingeld beeilen – hinter + Sie _____ warten noch viele!

_____

D Neben + Restpostenständer _____ gibt es noch eine Kasse!

_____

Rund ums Verb

Die Tempora im Blick haben

Mit Temporalsätzen Zeitverhältnisse ausdrücken

Temporalsätze geben an, in welchem zeitlichen Verhältnis ein Geschehen zu dem steht, was im Hauptsatz geschieht. Dabei kann zwischen **Vorzeitigkeit, Gleichzeitigkeit** und **Nachzeitigkeit** unterschieden werden.
Bei Vorzeitigkeit liegt das Ereignis im Temporalsatz vor dem Ereignis im Hauptsatz, z. B.:
Nachdem Großmutter die Küche aufgeräumt hatte, erzählte sie aus ihrem Leben.
Bei **Gleichzeitigkeit** verläuft das Ereignis im Temporalsatz gleichzeitig mit dem im Hauptsatz, z. B.:
Während ich meiner Großmutter zuhörte, strickte ich an meinem Schal weiter.
Bei **Nachzeitigkeit** findet das Ereignis im Temporalsatz nach dem Ereignis im Hauptsatz statt, z. B.:
Bevor sie ihren Mann kennenlernte, hatte Großmutter einige andere Verehrer.

1 **a** **Füge in den folgenden Text über die Briefe von Oma die eingeklammerten Infinitive im richtigen Tempus ein.**
b **Vorzeitigkeit, Gleichzeitigkeit oder Nachzeitigkeit? Trage die Buchstaben der folgenden Sätze A–F passend ein.**

Vorzeitigkeit: ☐ ☐ ☐   Gleichzeitigkeit: ☐ ☐   Nachzeitigkeit: ☐

A Meine Großmutter _beschreibt_ (beschreiben) mir oft, wie es in ihrer Jugend _____ (sein).

B Ich _____ (haben) dann meist den Eindruck, dass sich nicht viel _____ (ändern)!

C „Wenn ich mit Freundinnen zum Tanz _____ (gehen)", notierte Oma neulich, „ _____ (kleiden)

ich mich gern chic. D Aber der Ausschnitt am Kleid _____ (dürfen) nicht zu tief sein, damit Mutter

mich gehen _____ (lassen). E Sie _____ (verbieten) mir mehrfach sogar auszugehen,

weil ich mich _____ (schminken). F Aber noch bevor wir um die nächste Ecke

_____ (biegen), _____ (geben) mir meine Freundin ihren Lippenstift."

2 **Streiche in den folgenden Sätzen jeweils die unpassende Tempusform durch.**
Überlege, wo Vorzeitigkeit, Gleichzeitigkeit und Nachzeitigkeit Sinn ergeben (vgl. ▶ Aufgabe 1).

Und heute? Ähnliche Diskussionen zwang / zwingt meine Mutter mir auch auf, wenn ich ausging / ausgehe, und

meine Tricks waren / sind dieselben. Allerdings war / ist meine Großmutter deutlich älter, als es um diese Fragen

ging / geht. Nachdem ich das verstanden hatte / habe, mochte / mag ich Großmutters Geschichten noch mehr.

3 **a** **In jedem Satz ist eine Tempusform falsch. Schreibe die Sätze verbessert in dein Heft.**
●●● **b** **Überlege, welches Zeitverhältnis ausgedrückt werden soll.**
Verbinde dazu jeden der Sätze mit der dazu passenden Zeitenfolge.

A Nachdem die Großeltern sich vorstellten, waren sie gleich zum Du übergegangen.	a Vorzeitigkeit
B Bevor sie zusammen ausgingen, stellt Großvater sich Großmutters Eltern vor.	b Gleichzeitigkeit
C Als der junge Mann sich höflich verbeugte, fallen ihm seine ungeputzten Schuhe auf.	c Nachzeitigkeit

Der Modus der Verben – Konjunktiv und Indikativ

Wissen und können	Der Konjunktiv II (Irrealis) und die würde-Ersatzform

Die **Verben** haben einen **Modus** (Aussageweise): Er zeigt an, wie wirklich und sicher eine Aussage ist. Wenn man eine Aussage als **unwirklich,** nur vorgestellt, unwahrscheinlich oder gewünscht kennzeichnen möchte, verwendet man den Konjunktiv II. Man bezeichnet den Konjunktiv II auch als **Irrealis,** da die getätigte Aussage irreal erscheint und so in der Realität nicht eintreten wird.

Bildung des Konjunktivs II: Der Konjunktiv II wird in der Regel **vom Präteritum Indikativ** abgeleitet. Bei unre gelmäßigen Verben werden **a, o, u** im Wortstamm zu **ä, ö, ü,** z. B. (Infinitiv: *tun) er tat → er täte.* Anstelle des Konjunktivs II wird die *würde*-**Ersatzform** verwendet, wenn

- der Konjunktiv II (im Textzusammenhang) **nicht vom Indikativ Präteritum zu unterscheiden** ist, z. B.:
  Wir hießen sie willkommen. → Wir würden sie willkommen heißen.
  Hinweis: Meist ist dies bei Verbformen in der 1. oder der 3. Person Plural der Fall.
- die Konjunktiv II-Form als besonders **ungebräuchlich** oder **unschön** empfunden wird, vor allem im münd- lichen Sprachgebrauch, z. B.: *Er empfähle eine Zusage. → Er würde eine Zusage empfehlen.*

1 a **Konjunktiv II oder *würde*-Ersatzform? Setze die Verben in der passenden Form in die Fragen ein.**
  b **Beantworte jede Frage wie Beispiel A in deinem Heft und verwende dabei den Konjunktiv II oder die *würde*-Ersatzform.**

Was wäre, wenn … – Unwahrscheinliche Alltagserlebnisse

A Wie reagieren _____ du _____ ,

 wenn dir jemand an den Haaren ziehen _____ ?

Mögliche Antwort: *Ich würde ihn bitten, …*

B Was tun _____ du _____ , wenn deine Eltern dich

 auf einmal siezen _____ ?

C Was antworten _____ du _____ , wenn ein älterer

 Herr dir im Bus seinen Platz anbieten _____ ?

2 **Formuliere die Imperative in höfliche Bitten um und verwende dabei *können, mögen, dürfen* oder *werden* im Konjunktiv II. Schreibe die Bitten in dein Heft.**

A Schließen Sie das Fenster!
B Schweig!
C Ich muss hier durch!
D Ich will das Salz!
E Hilf mir mal!
F Geh nach Hause!
G Stören Sie mich nicht!
H Nehmen Sie das weg!

A Könnten Sie bitte …

Wissen und können   **Irreale Konditionalgefüge (Bedingungsgefüge)**

In einem Satzgefüge stellt der Konditionalsatz (Nebensatz, der meistens mit *wenn* oder *falls* eingeleitet wird) eine Bedingung dar. Die Folge wird im Hauptsatz formuliert.

- Ist die **Bedingung möglich oder real**, werden Hauptsatz und Nebensatz im Indikativ formuliert, z. B.:
  Wenn ich alle Verhaltensregeln kenne, bin ich ganz entspannt.
- Ist die **Bedingung unwahrscheinlich bzw. irreal,** wird im Hauptsatz und im Nebensatz (Konditionalsatz) der Konjunktiv II (Irrealis) bzw. die *würde*-Ersatzform verwendet, z. B.:
  Es gäbe weniger Verstimmungen, wenn sich jeder um mehr Höflichkeit (bemühte) bemühen würde.

Hinweis: Konditionalgefüge können auch ohne die Konjunktionen *wenn* oder *falls* gebildet werden. Die Personalform des Verbs steht – wie bei der direkten Frage – an erster Stelle, z. B.:
Würde sich jeder um mehr Höflichkeit bemühen, gäbe es weniger Verstimmungen.

3 a Verbinde die folgenden Hauptsätze zu irrealen Konditionalgefügen. Nutze unterschiedliche Möglichkeiten.

A Der Reisende winkt nicht.	Die Wartenden erkennen ihn nicht.
B Das Essen schmeckt nicht widerlich.	Ich lasse es nicht stehen.
C Ich habe ein Taschentuch.	Ich wische meine Nase nicht am Ärmel ab.
D Der Kaffee ist nicht so heiß.	Er schlürft ihn nicht lautstark.
E Wir benehmen uns falsch.	Wir merken es an den Reaktionen.
F Du sprichst nicht mit vollem Mund.	Man kann dich besser verstehen.

A Würde der Reisende nicht winken, würden die Wartenden ihn nicht erkennen.

B _____

_____

_____

_____

_____

b Wandle die irrealen Konditionalgefüge aus Aufgabe 3 a in reale Bedingungsgefüge um.
Hebe, wo nötig, die Verneinung auf.

A Wenn er winkt, begrüßen sie ihn.

_____

_____

_____

_____

_____

_____

Der Konjunktiv I in der indirekten Rede

Wissen und können	Wörtliche Rede in indirekter Rede wiedergeben

Äußerungen Dritter kannst du in der indirekten Rede wiedergeben.
Das Verb steht im **Konjunktiv I,** z. B.:

- **Indikativ:** *Der Knigge-Rat sagt: Gutes Benehmen verbessert die schulische Atmosphäre.*
- **Indirekte Rede mit Konjunktiv I:** *Man sagt, gutes Benehmen verbessere die schulische Atmosphäre.*

Bildung des Konjunktivs I:

Singular		Plural	
Indikativ Präsens	**Konjunktiv I**	**Indikativ Präsens**	**Konjunktiv I**
ich empfehl-e	*ich empfehl-e*	*wir empfehl-en*	*wir empfehl-en*
du empfiehl-st	*du empfehl-est*	*ihr empfehl-t*	*ihr empfehl-et*
er/sie/es empfiehl-t	*er/sie/es empfehl-e*	*sie empfehl-en*	*sie empfehl-en*

1 Gib die folgenden Empfehlungen des Deutschen Knigge-Rats für einen „Schüler-Knigge" in indirekter Rede wieder. Verwende den Konjunktiv I und ergänze jeweils einen einleitenden Hauptsatz.

> **Empfehlung: Bei jedem Zusammentreffen verbindlich grüßen**
> Dazu der Deutsche Knigge-Rat: „In der Klasse geht die Begrüßung oft im Chaos unter. Das ist schade, denn später im Beruf wird zwingend erwartet, andere mit Respekt und Achtung zu begrüßen. Dabei ist es gleichgültig, wie man zu ihnen steht."

A *Der Deutsche Knigge-Rat merkt an, in der Klasse gehe* _____

_____

_____

> **Empfehlung: Zuverlässig und pünktlich auftreten**
> Dazu der Deutsche Knigge-Rat: „Sorgloses Verschlafen des Unterrichtsbeginns verärgert nicht nur Lehrer/-innen, sondern auch die Mitschüler/-innen. Es ist sehr rücksichtslos."

B _____

_____

> **Empfehlung: Das Handy beiseitelegen**
> Dazu der Deutsche Knigge-Rat: „Bei persönlichen Gesprächen ist das Handy die Nervensäge Nummer eins. Es bimmelt und fiept überall in den bizarrsten Klingeltönen herum und raubt den anderen Gesprächsteilnehmerinnen und -nehmern die Geduld. Wir mahnen dringend: Legt eure Handys in persönlichen Gesprächen zur Seite."

C _____

_____

_____

Wissen und können   **Ersatzformen für den Konjunktiv I**

Wenn der **Konjunktiv I** (im Textzusammenhang) nicht vom Indikativ Präsens zu unterscheiden ist, wird der **Konjunktiv II** oder die *würde*-**Ersatzform** verwendet, z. B.:

Indikativ ⟶	Konjunktiv I ⟶	Konjunktiv II ⟶	*würde*-Ersatzform
Er hebt hervor: „Alle profitieren davon.“	*Er hebt hervor, alle profitieren davon.*	*Er hebt hervor, alle profitierten davon.*	*Er hebt hervor, alle würden davon profitieren.*

2 Setze die folgende Empfehlung des Deutschen Knigge-Rats für einen „Schüler-Knigge" in die indirekte Rede. Achte auf den richtigen Einsatz von Konjunktiv I oder Konjunktiv II oder *würde*-Ersatzform.

> **Empfehlung: Auf die eigene Sprache achten**
> Dazu der Deutsche Knigge-Rat: „Primitive Redeweisen fallen vor allem auf die Rednerin / den Redner selbst zurück. Sie wirken unsympathisch und abstoßend. Beleidigungen verletzen die anderen. Dadurch entstehen die meisten Streitfälle bis hin zur Gewaltanwendung."

_____

_____

_____

_____

_____

_____

3 Umkreise in jedem der folgenden Sätze die passende(n) Verbform(en).

Marion und Tom aus deiner Klasse haben Verhaltensempfehlungen für Schülerinnen und Schüler erstellt. Deren Sinn beschreiben die Vorbemerkungen folgendermaßen:

A Schüler/-innen und Lehrer/-innen ⟨ haben / **hätten** / würden ⟩ beide einen Vorteil durch einen höflichen Umgang ⟨ . / **haben.** ⟩

B Denn dadurch ⟨ stärken / **stärkten** / würden ⟩ sie das Lehrer-Schüler-Verhältnis ⟨ . / **stärken.** ⟩

C Auch das Lernklima ⟨ verbessere / **verbesserte** / würde ⟩ sich dadurch auffällig ⟨ . / **verbessern.** ⟩

D Ein höflicher Umgang ⟨ drücke / **drückte** / würde ⟩ Wertschätzung, gegenseitigen Respekt und Toleranz ⟨ aus / **ausdrücken** ⟩

und ⟨ trage / **tüge** / würde ⟩ zu einer besseren Entwicklung ⟨ bei. / **beitragen.** ⟩

E Außerdem ⟨ unterstütze / **unterstützte** / würde ⟩ er das Selbstwertgefühl ⟨ . / **unterstützen.** ⟩

Wissen und können	Tempuswahl in der indirekten Rede

- Das Tempus des einleitenden Hauptsatzes beeinflusst das Tempus in der indirekten Rede nicht, z. B.:
  Direkte Rede: *Sie sagt/sagte/wird sagen: „Lehrer sind auch Menschen."*
  Indirekte Rede: *Sie sagt/sagte/wird sagen, Lehrer seien auch Menschen.*
- Das Tempus im Nebensatz der indirekten Rede richtet sich nach dem Tempus in der direkten Rede, z. B.:
  Er sagte: „Sie hat mir Recht gegeben." (Ind. Perfekt) → *Er sagte, sie habe ihm Recht gegeben.* (Konj. I Perfekt)
  Er sagte: „Sie wird mir Recht geben." (Ind. Futur) → *Er sagte, sie werde ihm Recht geben.* (Konj. I Futur)
  Beachte: Der Konjunktiv I Perfekt tritt auch für Indikativ Präteritum sowie Plusquamperfekt ein, z. B.:
  Sie sagte: „Ich handelte richtig." (Ind. Prät.) → *Sie sagte, sie habe richtig gehandelt.* (Konj. I Perf.)
  Sie sagte: „Ich hatte Recht gehabt." (Ind. Plusqu.) → *Sie sagte, sie habe Recht gehabt.* (Konj. I Perf.)

4 **a** Übertrage jede direkte Rede in die indirekte Rede: Notiere die richtige Tempusform im Konjunktiv.
b Kreuze an, um welche Tempusform es sich handelt.

Indikativ Ich sagte:	Umformung in indirekte Rede Ich sagte,	Konjunktiv I Präsens	Perfekt	Futur	Konjunktiv II
„Es schneite."	... *es habe geschneit.*	☐	X	☐	☐
A „Ich schwieg."		☐	☐	☐	☐
B „Du wirst lachen."		☐	☐	☐	☐
C „Sie hatte gesungen."		☐	☐	☐	☐
D „Ihr habt gestritten."		☐	☐	☐	☐
E „Er kommt."		☐	☐	☐	☐
F „Ich bin gefallen."		☐	☐	☐	☐

5 Einmal muss bei Aufgabe 4 der Konjunktiv II verwendet werden. Gib an, wo, und begründe.
●●●

In Satz _____ muss der Konjunktiv II verwendet werden, weil _____

_____

6 Setze den folgenden Satz in die indirekte Rede.

Die Leiterin des „Fit for life"-Seminars hob hervor: „Höflichkeitsregeln hat
es schon immer gegeben, es gibt sie in allen Kulturen und es wird sie auch
in Zukunft geben, auch wenn sie sich verändern."

_____

_____

_____

_____

Aktiv und Passiv

Wissen und können	Aktiv und Passiv

1 In **Aktivsätzen** wird der **Handlungsträger** (die oder der Handelnde) betont, z. B.:
Touristen <u>verletzen</u> manchmal unwissentlich landestypische Höflichkeitsregeln.

2 In **Passivsätzen** wird die **Handlung** / der Vorgang betont, z. B.:
Landestypische Höflichkeitsregeln <u>werden</u> manchmal unwissentlich <u>verletzt</u>.
   - Im Passivsatz kann der Handlungsträger ergänzt werden, z. B.: *Die Regeln werden von Touristen verletzt.*
   - Bei der Umwandlung eines Aktivsatzes in einen Passivsatz wird das Akkusativobjekt des Aktivsatzes zum Subjekt des Passivsatzes, z. B.:
   Der Bundespräsident begrüßt <u>den Staatsgast</u>. → <u>Der Staatsgast</u> wird vom Bundespräsidenten begrüßt.
   Akkusativobjekt   Subjekt

1 a Markiere in den Aktivsätzen das Akkusativobjekt.
  b Formuliere die Aktivsätze in Passivsätze um.

Den Charme der Nachbarländer entdecken

A Die Deutschen schätzen ==die Niederlande== als besonders entspanntes Urlaubsland.

Die Niederlande werden _____

B Sie genießen häufig die kleinen, aber wichtigen Unterschiede.

_____

C Niederländer erledigen Einkäufe in der Stadt gern mit dem Fahrrad.

_____

D Beim ersten Sonnenstrahl bevölkern sie die zahlreichen Straßencafés.

_____

Wissen und können	Abwechslungsreich schreiben: Ersatzformen für das Passiv

In einem Text sind zu viele Passivformen unschön. Verwende Ersatzformen mit aktiven Verbformen, die den Handlungsträger ebenfalls nicht nennen. Statt *„Das Ritual der Begrüßung wird nicht verändert"* z. B.:
- **man-Form:** *<u>Man verändert</u> das Ritual der Begrüßung nicht.*
- ***sein* + Infinitiv mit *zu*:** *Das Ritual der Begrüßung <u>ist</u> nicht <u>zu verändern</u>.*
- ***sich lassen* + Infinitiv:** *Das Ritual der Begrüßung <u>lässt sich</u> nicht <u>verändern</u>.*

2 a Unterstreiche im folgenden Text die Passivformen.
  b Formuliere den Text in deinem Heft so um, dass er gut lesbar ist. Dazu kann es nötig sein, die Passivformen durch aktive Verbformen zu ersetzen.

Bei der Begrüßung wird von Franzosen in der Regel „Bonjour!" gesagt. Von Jugendlichen und Bekannten wird das umgangssprachliche „Salut!" benutzt. Eine Freundin wird mit „bises" (Küsschen) auf beide Wangen begrüßt. Ein Mann wird von einem anderen Mann eher per Handschlag begrüßt. Das Begrüßungsritual wird dann mit einem rituellen „Comment allez-vous?" oder „Comment vas-tu?" fortgesetzt. Weniger förmlich wird einfach „Ça va?" gefragt. Damit wird aber nicht wirklich das Befinden erfragt. Entsprechend wird nicht sogleich über die aktuellen Wehwehchen berichtet. Geantwortet wird üblicherweise immer mit „Ça va bien, merci."

Teste dich!

Rund ums Verb

1 a Kreuze für jede der folgenden Aussagen an, ob sie richtig oder falsch ist. (5 Punkte)

	richtig	falsch
A In einem irrealen Bedingungsgefüge steht der Konjunktiv II im Hauptsatz und im Nebensatz.	☐	☐
B In der 1. und der 3. Person Plural ist der Konjunktiv I nicht vom Indikativ Präsens zu unterscheiden, dann muss die Ersatzform mit *würde* verwendet werden.	☐	☐
C Auch vom Passiv kann ein Konjunktiv gebildet werden.	☐	☐
D Das Tempus im einleitenden Hauptsatz (Redebegleitsatz) bestimmt das Tempus der indirekten Rede (Nebensatz).	☐	☐
E Ein Konjunktiv I Perfekt kann in der indirekten Rede verschiedene Vergangenheitsformen wiedergeben.	☐	☐

b Trage für jeden Satz den Buchstaben der dazu passenden Aussage von Aufgabe 1 a ein. (4 Punkte)

1 ☐ Wäre das Hotel besser gewesen, hätten wir nicht immer so lange auf unser Essen warten müssen.

2 ☐ Die Service-Mitarbeiterin meldete, das Büfett werde in Kürze eröffnet.

3 ☐ Sie sagte, es habe eine Verzögerung gegeben, nachdem sich der Chefkoch krank gemeldet habe.

4 ☐ Wir antworteten erleichtert, wir würden dann gern sofort zugreifen.

2 Unterstreiche die Verbformen im Aktiv und umkreise die Passivformen. (11 Punkte)

Vor hundert Jahren wurden Kinder strenger erzogen. Es gab viel striktere Regeln. Wer sie nicht befolgte, wurde bestraft. Die Eltern wurden von ihren Kindern gesiezt. Zur Begrüßung machten Mädchen einen Knicks und Jungen verbeugten sich. Dabei wurde die Kappe vom Kopf gezogen. Bei Tisch wurde nicht geredet. Es wurde erst gegessen, wenn der Vater „Guten Appetit!" gewünscht hatte.

3 Schreibe den folgenden Text ab und verwende darin die unterlegten Verben in der richtigen Form. (6 Punkte)

Kurzbericht über ein Vorstellungsgespräch für ein Praktikum im 5-Sterne-Restaurant

Nachdem erste Fragen besprechen, bitten mich die Restaurant-Chefin an einen Tisch. Sie meinte, ich können doch bestimmt richtig mit dem Besteck umgehen und sollen das nun einfach einmal zeigen. Beim Blick auf den gedeckten Tisch erschrecken ich zuerst, bevor ich mich wieder erinnern: Man nimmt das Besteck immer von außen nach innen weg.

Vergleiche deine Ergebnisse mit dem Lösungsheft. Für jede richtige Antwort bekommst du einen Punkt.

☺ 26–21 Punkte	☺ 20–13 Punkte	☹ 12–0 Punkte
Gut gemacht!	Gar nicht schlecht, aber lies dir die Informationskästen auf den Seiten 49 bis 55 noch einmal genau durch.	Arbeite die Seiten 49 bis 55 noch einmal genau durch.

Texte überarbeiten mit Hilfe von Proben

Wissen und können	Umstellprobe, Weglassprobe, Ersatzprobe, Erweiterungsprobe

Die Proben helfen dir, **genauer zu schreiben** und Texte **stilistisch zu verbessern:**

- **Gestalte Satzanfänge abwechslungsreich.** Wende dafür die Umstellprobe an, z. B.:
  Mich | reizt | besonders | der Beruf des Anwalts. → Der Beruf des Anwalts ... → Besonders reizt mich ...
- **Streiche überflüssige Wörter,** Wiederholungen oder umständliche Formulierungen. Nutze dazu die Weglassprobe, z. B.: *Mich reizt ~~eben gerade~~ besonders der Beruf des Anwalts.*
- **Vermeide Wortwiederholungen** und floskelhafte oder umgangssprachliche Wendungen durch die Ersatzprobe, z. B.: *Mich reizt besonders der Beruf des Anwalts. Der Beruf des Anwalts ... → Dieser/Er ...*
- **Formuliere genauer** mit Hilfe der Erweiterungsprobe. Füge einem Satz Objekte, adverbiale Bestimmungen oder Attribute hinzu, z. B.: *Mich reizt besonders der sehr interessante Beruf des Anwalts.*

Ein Bewerbungsanschreiben treffend formulieren

1 Vermeide in Bewerbungsanschreiben monotone Satzanfänge mit „Ich":
Wende die Umstellprobe an und notiere jeweils zwei Sätze mit unterschiedlichen Satzanfängen.

A Ich möchte mein zweiwöchiges Berufspraktikum sehr gern in Ihrem Unternehmen absolvieren.

_____

_____

B Ich interessiere mich seit der Teilnahme am Planspiel „Börse" der Stadtbank für den Handel mit Wertpapieren.

_____

_____

_____

2 a Streiche im folgenden Auszug aus einem Bewerbungsanschreiben die störenden Wiederholungen durch und ersetze, falls notwendig.
b Notiere mit Hilfe der Ersatzprobe über den Zeilen Verbesserungsvorschläge.

Gern möchte ich mein Betriebspraktikum in der Stadtverwaltung machen, da die Stadt-

verwaltung für mich ein interessanter künftiger Arbeitgeber ist. Am liebsten würde ich

mein Praktikum beim Kulturservice der Stadtverwaltung absolvieren, aber auch andere

Bereiche der Stadtverwaltung wären für mich interessant. Ich verspreche mir von einem

Praktikum in der Stadtverwaltung gute Einblicke in die organisatorischen Abläufe einer

großen Verwaltung und auch einen Einblick in die unterschiedlichen städtischen Aufgaben,

die in der Stadtverwaltung koordiniert werden müssen.

3 Deine Mitschülerin Miriam hat eine Rückfrage aus einem Praktikumsbetrieb zu knapp beantwortet.
Nutze die Erweiterungsprobe, um mit den unten angebotenen Informationen einen aussagekräftigen Abschnitt
für ihre Antwort zu verfassen.

Der Praktikumsbetrieb bittet um Informationen über Zeitpunkt/Dauer, Inhalte und Betreuung des Praktikums.

> **Informationen zum Schulpraktikum**
> – Dauer: zwei Wochen, genauer Zeitpunkt: 14.–28.05.20xx
> – Praktikumsinhalt: berufstypische Tätigkeiten ohne eigene Verantwortung
> – Betreuung: feste/-r Ansprechpartner/-in im Betrieb, Besuch durch Lehrkraft gegen Ende des Praktikums

Ich würde das Praktikum gern in Ihrem Unternehmen absolvieren. Vorgesehen sind unterschiedliche Tätigkeiten.

_____

_____

_____

_____

4 Das folgende Bewerbungsanschreiben enthält mehrere Fehler.
a Überarbeite das folgende Anschreiben: Streiche Überflüssiges oder Falsches durch und notiere
Verbesserungen in der Randspalte.
b Prüfe mit Hilfe des Wortspeichers unten, ob das Anschreiben alle wichtigen Informationen enthält.
Vermerke in einer zusätzlichen Farbe am Rand, was fehlt.

> Alter, Klasse, Schule, Ort • Datum und Zeitraum des Praktikums • Art des Praktikums

c Arbeite im Heft ein verbessertes Bewerbungsanschreiben aus.

Bewerbung um ein Schülerpraktikum

Sehr geehrte Frau Baumann,

ich möchte sehr gern das Berufspraktikum, das von unserer Schule durchgeführt
wird, in Ihrem Architekturbüro absolvieren. Ich bin 16 Jahre alt und ich besuche
die Schule. Ich interessiere mich sehr für den Beruf der Architektin und würde
gern den Alltag einer Architektin näher kennenlernen, um bei meiner Berufsentscheidung sicherer zu werden. Meine Lieblingsfächer in der Schule sind je
nachdem Mathematik, Kunst und Sport. Besonders faszinieren mich eher so
schwierige Aufgaben in der Geometrie. Im Betrieb meiner Mutter helfe ich seit
Jahren immer mal wieder ein bisschen im IT-Bereich aus und bin deshalb relativ
sicher im Umgang mit dem Computer.

Über eine Zusage würde ich mich sehr freuen.

Mit freundlichen Grüßen

Sina Krone

Wann? Wie lange?

Rund um Sätze

Zusammenhänge herstellen mit Adverbialsätzen

Wissen und können	Adverbialsätze: Logisch richtige Konjunktionen verwenden

Adverbialsätze werden mit einer **unterordnenden Konjunktion** (z.B. *weil, als, nachdem, damit, obwohl, indem, wenn, falls, sodass*) eingeleitet und durch **Komma** vom Hauptsatz getrennt, z.B.:

Nachdem *ein Bewerbungsanschreiben sorgfältig überarbeitet wurde, kann es abgeschickt werden.*
Adverbialsatz drückt einen Zeitpunkt aus (temporal)

Ich mache mir meine Stärken bewusst, **damit** *ich meine Bewerbung überzeugend ausarbeiten kann.*
Adverbialsatz drückt eine Absicht aus (final)

Die **Frageprobe** hilft, den logischen Zusammenhang zu klären und die richtige Konjunktion auszuwählen.

1 Trage zu jeder Art von Adverbialsatz die richtige Frageprobe ein.

Art des Adverbialsatzes	Frageprobe	Konjunktionen
Kausalsatz (Grund, Ursache)	*Warum?*	*da, weil*
Konditionalsatz (Bedingung)	_____	*wenn, falls, sofern*
Finalsatz (Ziel, Absicht)	_____	*damit, dass*
Konsekutivsatz (Folge, Wirkung)	_____	*sodass (auch: so …, dass)*
Konzessivsatz (Einräumung)	_____	*obwohl, obgleich, auch wenn*
Temporalsatz (Zeitpunkt/-dauer)	_____	*nachdem, als, während, bis, bevor, solange, sobald*
Modalsatz (Art und Weise)	_____	*indem, als ob*
Adversativsatz (Gegenüberstellung)	_____	*wohingegen, während*

2 In den folgenden Satzgefügen fehlen die Verknüpfungen: Nutze die Frageprobe, um passende Konjunktionen auszuwählen, und trage diese ein.

Auf dem Weg zur Berufswahl: Sich um ein Praktikum bewerben

_____ du schon immer wusstest, was du werden möchtest, ist die Wahl eines Ausbildungsplatzes

natürlich einfach. Im Laufe der Schulzeit lernt man aber wenige Berufe wirklich kennen, _____ für

viele Schülerinnen und Schüler fraglich ist, was sie interessieren könnte. _____ ein Praktikum

auch Freizeit kostet, ermöglicht es wertvolle Erfahrungen. Einen ersten Überblick über mögliche Berufsfelder

kann man sich erschließen, _____ man Broschüren oder Erfahrungsberichte Dritter auswertet.

Wissen und können   **Texte überarbeiten: Verbstellung in Nebensätzen prüfen (1)**

Nebensätze können hinter oder vor einem Hauptsatz stehen, aber auch eingebettet sein.
Im Nebensatz steht die <u>Personalform des Verbs</u> immer an letzter Satzgliedstelle, z. B.:
Ich lasse mich bei der Berufswahl gern beraten, weil *ich gar nicht alle Berufe* <u>kenne</u>*.*
weil *die Erwachsenen in meinem Umfeld sehr unterschiedliche Berufe* <u>ausüben,</u> *können sie Tipps geben.*
Mancher Praxisbericht öffnet, weil *er wirklich interessant* <u>ist</u>*, neue Perspektiven für mich selbst.*
Achtung, falsch: *Ich lasse mich gern beraten, weil ich kenne ja gar nicht alle Berufe.*

3 **Korrigiere die Satzstellung in folgenden Aussagen und
schreibe das verbesserte Satzgefüge auf.**

VORSICHT
FEHLER!

A Ich möchte eine Ausbildung zum Schreiner machen, weil ich stelle gern etwas Schönes aus Holz her.

_____

_____

_____

B Ich interessiere mich für den Ausbildungsplatz als Industriekauffrau, weil mein Vater sagt mir immer, dass ich gut organisieren kann.

_____

_____

_____

C Ich bewerbe mich als Zahnarzthelferin, weil mein Praktikum in der Zahnarztpraxis hat mir sehr gut gefallen.

_____

_____

_____

4 **Prüfe für jedes der folgenden Satzgefüge, ob der Nebensatz mit „weil" sinnvoll verknüpft ist.**
a Schreibe die Frageprobe in die Randspalte: Ist „weil" die dazu passende Konjunktion?
b Notiere, falls „weil" nicht passt, die besser geeignete Konjunktion.

VORSICHT
FEHLER!

Ich suche einen technisch innovativen Beruf,
weil ich mich später weiterentwickeln kann.

Mit welcher Absicht? damit

A Ich bewerbe mich um einen Praktikumsplatz in einer Kita,
weil ich wenig Erfahrung mit kleinen Kindern habe.

_____

B Bevorzugt möchte ich mein Praktikum in einem Theater durchführen,
weil mich die Welt der Bühne fasziniert.

_____

C Könnte ich mein Praktikum in die Ferien hinein verlängern,
weil es eine sinnvolle längere Einsatzmöglichkeit gibt?

_____

5 a Verbinde die folgenden Sätze zu sinnvollen Satzgefügen: Wende die Frageprobe an.

●●● b Wähle die logisch richtige Konjunktion und schreibe das Satzgefüge ins Heft. Achte auf die Kommasetzung.

Gesucht: Traumberuf!

| A Viele junge Menschen informieren sich über die Zukunftschancen eines Berufs. | *Mit welcher Absicht?* | Sie wollen nach der Ausbildung nicht arbeitslos sein. |

| B Schülerinnen und Schüler kennen ihre Noten. | | Sie können ihre Fähigkeiten schlecht einschätzen. |

| C Berufliche Kompetenzen stimmen kaum mit den Schulfächern überein. | | Ein Blick auf das letzte Zeugnis bietet wenig Aufschluss für die Berufswahl. |

| D Arbeitgeber achten besonders auf die Persönlichkeit und soziale Kompetenzen. | | Eine Schulnote bewertet eher das fachliche Wissen. |

Wissen und können   Texte überarbeiten: Verbstellung in Nebensätzen prüfen (2)

Vermeide falsche Satzverknüpfungen:
- Die **Konjunktionen „obwohl" und „weil"** leiten in einem **Satzgefüge (Hs + Ns) Nebensätze** ein, die Personalform des Verbs steht an <u>letzter Satzgliedstelle</u>.
- Die **Konjunktionaladverbien „trotzdem" und „denn"** leiten in einer **Satzreihe (Hs + Hs) Hauptsätze** ein, die Personalform des Verbs steht an <u>zweiter Satzgliedstelle</u>.

---

6 Verbinde die folgenden Sätze je nach angebotener Verknüpfung zu Satzgefügen bzw. -reihen. Schreibe die Sätze auf, beachte die Reihenfolge und Kommasetzung. Unterstreiche jeweils die Personalform des Verbs.

A Viele Schülerinnen und Schüler informieren sich vor der Berufswahl genau.
  Nicht wenige sind von den tatsächlichen Anforderungen im Beruf überrascht.

obwohl _____

_____

trotzdem _____

_____

B Eine gute Ausbildung ist wichtig. Man lernt alles für den Beruf Notwendige in Theorie und Praxis.

denn _____

_____

weil _____

_____

Infinitiv- und Partizipialkonstruktionen

> **Wissen und können** **Die Infinitivkonstruktion** (auch: satzwertiger Infinitiv, Infinitivgruppe)
>
> Obwohl Infinitivgruppen kein Verb in der Personalform besitzen, können sie im Satz die Funktion von Nebensätzen übernehmen (z. B. die Stelle von Subjekt-, Objekt- oder Adverbialsätzen). Eine Infinitivkonstruktion besteht aus einem **Infinitiv mit *zu*** und mindestens einem weiteren Wort, z. B. :
> *Das Bewerbungsanschreiben hat die Funktion, Interesse an der eigenen Person **zu wecken.***
> Infinitivkonstruktionen <u>darf</u> man immer durch **Komma** vom Hauptsatz trennen. Ein **Komma muss** stehen,
> - wenn die Infinitivkonstruktion durch *um, statt, anstatt, außer, als, ohne* eingeleitet wird, z. B.:
>   *Niemand sollte je eine Bewerbung abschicken, **ohne** die Rechtschreibung überprüft **zu haben.***
> - wenn die Infinitivkonstruktion von einem Nomen oder von einem hinweisenden Wort (z. B. *daran, darauf, es*) abhängt, z. B.: *Bewerber sollten darauf achten, das Anschreiben ausreichend **zu frankieren.***

1
a Markiere in den folgenden Sätzen die Infinitivkonstruktionen, einige enthalten zwei.
   Unterstreiche den Hauptsatz.
b Setze die sechs fehlenden Kommas.

Der Schlüssel zum Erfolg: Eine gute Bewerbung

Anstatt die gleiche Bewerbung mehrfach zu verwenden verspricht es mehr Erfolg jedes Schreiben genau an die Erwartungen des Empfängers anzupassen. Eine Bewerbung zu verfassen ohne den Webauftritt eines Unternehmens zu kennen ist meist vergebliche Mühe. Um geeignete Bewerbungen herauszufiltern sortieren Personalverantwortliche unpersönliche Standardschreiben aus. Zum guten Stil gehört es den Namen des Ansprechpartners zu nennen und ihn fehlerfrei zu schreiben.

> **Wissen und können** **Die Partizipialkonstruktion** (auch: satzwertiges Partizip, Partizipgruppe)
>
> Obwohl Partizipgruppen kein Verb in der Personalform besitzen, können sie im Satz die Funktion von Nebensätzen übernehmen. Gebildet werden sie mit einem Partizip I (Partizip Präsens, z. B.: *gehend*) oder mit einem Partizip II (Partizip Präteritum, z. B.: *gegangen*). Die Partizipialkonstruktion bezieht sich auf das Subjekt des Hauptsatzes, z. B.: *<u>Beeindruckt von Ihren Noten(,)</u> laden wir Sie zu einem Gespräch ein.*
> - Eine Partizipialkonstruktion <u>darf</u> man immer durch **Komma** vom Hauptsatz trennen.
> - Hängt er von einem Nomen / hinweisenden Wort ab, **muss** ein **Komma stehen.**

2
a Unterstreiche in den folgenden Sätzen die Partizipgruppe.
b Formuliere jeden Satz zu einem Satzgefüge um.
Tipp: Partizipialkonstruktionen wirken oft etwas umständlich. Formuliere leserfreundlicher, indem du sie in einen Nebensatz umwandelst, z. B.: *Die Lücken in Ihrem Lebenslauf betreffend(,) haben wir noch einige Fragen zur Bewerbung. → Weil Ihr Lebenslauf Lücken aufweist, ...*

A Auf Ihre Zustimmung zum Termin hoffend(,) schicken wir Ihnen vorab eine Anfahrtsbeschreibung zu.

_____

_____

B Den Ausbildungsvertrag senden Sie bitte(,) sorgfältig gelesen und unterschrieben(,) an die Personalabteilung.

_____

Relativsätze: Attribute in Form von Nebensätzen

Wissen und können **Näher erklären mit einem Relativsatz** (auch: Attributsatz)

Relativsätze sind Nebensätze, die ein vorausgehendes Bezugswort (Nomen oder Pronomen) näher erklären.
Sie werden mit einem **Relativpronomen** eingeleitet, z. B. *der, die, das* oder *welcher, welche, welches*.
Ein Relativsatz wird **immer** durch ein **Komma** vom Hauptsatz getrennt. Eingeschobene Relativsätze
werden durch zwei Kommas abgetrennt, z. B.: *Eine Bewerbung, die viele Kommafehler enthält, wird keinen*
Erfolg haben.
Relativsätze nehmen im Satz die Rolle eines Attributs ein und werden deshalb auch Attributsätze genannt.

1 Bilde aus den Hauptsätzen ein Satzgefüge mit Relativsatz. Schreibe es auf und denke an die Kommasetzung.

Persönliche Stärken hervorheben

A Meine Schullaufbahn werde ich mit der Allgemeinen Hochschulreife beenden. Ich habe meine Schullaufbahn durch Überspringen der Klasse 7 verkürzt.

Meine Schullaufbahn, die ich

B Im Fach Französisch werde ich die DELF-Prüfung ablegen. Die Prüfung werde ich voraussichtlich mit dem Zertifikat B1 abschließen.

C Im Informatikkurs habe ich Grundkenntnisse in der IT-Anwendung erworben. Sie umfassen neben Programmen zur Textverarbeitung auch die Tabellenkalkulation.

2 **a** Unterstreiche in den folgenden Satzgefügen die Relativsätze.
   b Setze die fehlenden Kommas.

Die Teilnahme an Austauschprogrammen die in der Mittelstufe stattfanden hat mein Interesse an

einem multinationalen Berufsumfeld gestärkt. Im Kontakt mit den Gastfamilien habe ich Offenheit und

Flexibilität gewonnen welche ich gern in eine Ausbildung einbringen würde. Über eine Ausbildungsphase

die mich in eine Ihrer internationalen Niederlassungen führt würde ich mich freuen.

3 Streiche die falsche Verknüpfung durch.
●●● **Tipp: Das Adverb** *wo* **wird in Relativsätzen in der Regel nur in räumlicher Bedeutung verwendet, z. B.:**
In der Stadt, wo ich zur Schule gehe, gibt es viele Ausbildungsbetriebe.

Die Betreuung der E-Jugendmannschaft bei Fortuna e. V., die / wo ich bereits seit der Grundschule ausführe,
hat inzwischen zur Ausbildung als Trainerin geführt. Zurzeit leite ich in dem Schwimmbad, das / wo ich selbst
trainiert habe, eine Gruppe. Die Verantwortung, die / wo mir Freude macht, ist groß, weil die Kinder sehr jung
sind.

Textzusammenhänge sprachlogisch herstellen

Wissen und können	Textkohärenz herstellen

- Unter **Textkohärenz** versteht man den **inneren Zusammenhang eines Textes.** Mittel der Textkohärenz dienen dazu, **sprachlogische Zusammenhänge** herzustellen.
- Ein offensichtliches Mittel der Textkohärenz sind **Konjunktionen.** Sie verbinden Sätze und verdeutlichen durch ihre verschiedenen Sinnrichtungen gedankliche Zusammenhänge. Ausgedrückt werden z. B.
  - eine Folge (*dass, sodass*),
  - ein Zweck, eine Absicht (*damit, dass*),
  - ein Grund, eine Ursache (*da, weil*),
  - eine Einräumung (*obwohl, obgleich*),
  - ein zeitliches Verhältnis (*während, nachdem, bevor, als*),
  - eine Bedingung (*wenn, falls*),
  - die Art und Weise (*indem*).

1 **Verdeutliche den logischen Zusammenhang der folgenden Aussagen.
Ergänze dazu die fehlenden Konjunktionen. Gib mehrere Varianten an, wo dies möglich ist.**

Weil _____ die heutige Jugend bei vielen Menschen als ungeschliffen und unhöflich verrufen ist, bieten

inzwischen zahlreiche Schulen Benimmkurse für Jugendliche an. Schulischer Nachhilfeunterricht in Sachen Um-

gang erscheint vielen als sinnvoll, _____ ,

wie kritische Stimmen anführen, entscheidend vor allem die Rolle des Elternhauses sei: „_____

_____ Benimmkurse für junge Leute tatsächlich nötig sind, ist dies ein Armutszeugnis

für unsere gesamte Gesellschaft."

2 **Verbinde die folgenden Aussagen zu einem kohärenten Text, indem du den sprachlogischen Zusammenhang
(u. a. mit Hilfe von Konjunktionen) verdeutlichst.**

> Viele beschweren sich über das unangemessene Verhalten von Jugendlichen – keine belastbaren Studien dar-
> über – 77 Prozent der Deutschen fordern ein Unterrichtsfach „Benehmen" – Lehrer halten wenig von Benimm-
> unterricht – diktierter Anstandskanon – kaum überzeugend – Trotz bei einigen Schülerinnen und Schülern –
> freundlicher Umgangston – gegenseitige Wertschätzung – Jugendliche übernehmen angemessenes Verhalten
> von selbst

_____

_____

_____

_____

_____

_____

_____

_____

Wissen und können | **Mit Proformen Zusammenhänge herstellen**

Mit Hilfe von **Proformen als sprachlichem Mittel des Verweisens** werden **Texte flüssiger, abwechslungs-reicher** und **verständlicher.** Proformen stellen zwischen einzelnen Wörtern, Sätzen oder Textabschnitten Zusammenhänge her. Durch sie können Wiederholungen vermieden werden.
Besonders häufig verwendete Ausdrücke des Verweisens sind:

■ **Pronomen,** insbesondere Personalpronomen, z. B. *ich, er, sie;* Relativpronomen, z. B.: *der, die, das, welche, welcher, welches;* Demonstrativpronomen, z. B.: *dieser, diese, dieses, jener.*

■ **Adverbien,** z. B. *außerdem, deshalb, da, dort, damals, dabei, darin, darauf, damit, hierdurch, wodurch, worin.*
Adverbien beziehen sich in der Regel auf das Verb eines Satzes und beschreiben genauer, **wo, wann, wie** oder **warum** etwas geschieht, z. B.: ***Deshalb*** *betonen sie dies so* (kausal). *Er steht **gern** für sie auf* (modal). ***Neulich*** *hat Leos Oma das erzählt* (temporal). ***Hier*** *schrieb Emma darüber* (lokal).

3 **Verdeutliche im folgenden Textabschnitt mit Hilfe von Pfeilen, auf welche Textteile sich die markierten Wörter beziehen.**

Für viele ist Adolph Knigge mit korrektem Benehmen und Anstandsregeln verbunden,

doch kleinkarierte Etikette war **ihm** genau genommen zuwider. Vielmehr war es **sein** Ziel,

das menschliche Miteinander zu fördern. **Daher** wandte Knigge sich gegen politische, soziale

und geistige Unterdrückung und verfasste **seine** Schrift „Über den Umgang mit Menschen".

Diese weist ihn als Anhänger der Aufklärung aus.

4 **Setze im folgenden Textabschnitt die fehlenden Proformen aus dem Wortspeicher ein.**

Keinesfalls sollte _sie_ eine Anstandsfibel sein. _____ wollte Knigge den Bürgern helfen,

sich am Hofe der Fürsten zurechtzufinden, um nicht dem Spott des Adels ausgesetzt zu sein. _____

_____ ging es _____ nicht _____, die höfische Etikette als ein

erstrebenswertes Ideal darzustellen. _____ Werk sollte den Umgang der Menschen unter-

einander zuvorkommender und angenehmer machen. _____ beschreibt er Beispiele an-

gemessenen Verhaltens in verschiedenen Situationen.

> darum • stattdessen • dabei • sein • deshalb • ihm • sie

5 **a Setze mit Hilfe der folgenden Notizen den obigen Text in deinem Heft flüssig, verständlich und logisch zusammenhängend fort.**
●●● **b Markiere Mittel zur Herstellung von Textkohärenz farbig.**

zu Lebzeiten Buch sehr erfolgreich – nach seinem Tod immer wieder überarbeitet –
bis zur Unkenntlichkeit verändert/modernisiert – heute: Anstandsfibel; völlig andere Zielsetzung –
Knigge: im Grab umdrehen

Teste dich!

Satzgefüge

1 Verbinde jede Konjunktion mit der dazugehörenden Frageprobe (→ Satzart). (6 Punkte)

Konjunktion	Frageprobe (→ Satzart)
A weil	a Mit welcher Absicht? → Finalsatz
B sodass	b Wie? Auf welche Weise? → Modalsatz
C damit	c Warum? Aus welchem Grund? → Kausalsatz
D obwohl	d Unter welcher Bedingung? → Konditionalsatz
E indem	e Mit welcher Folge? Mit welcher Wirkung? → Konsekutivsatz
F falls	f Trotz welcher Umstände? → Konzessivsatz

2 Markiere im folgenden Text alle Nebensätze. Setze zwölf Kommas. (12 Punkte).

VORSICHT FEHLER!

Immer mit der Ruhe!

Nachdem Julius seine Bewerbung eingeworfen hatte fiel ihm auf dass er vergessen hatte seinen Text auf Rechtschreibfehler durchzusehen. Obwohl er in Rechtschreibung nicht sicher war fiel das nicht weiter ins Gewicht da sein Brief falsch adressiert war und deshalb wieder zurückkam. Ihm wurde erst endgültig klar wie viel Glück er gehabt hatte als ihm beim Öffnen des Briefes auffiel dass das Zeugnis das er beigelegt hatte das seines Bruders war. Julius nutzte seine zweite Chance und brachte alles in Ordnung bevor er die Bewerbung erneut in den Briefkasten warf. Tatsächlich bekam Julius den gewünschten Ausbildungsplatz als pharmazeutisch-technischer Assistent der besondere Sorgfalt und gewissenhafte Dokumentation erfordert.

3 Um welche Art von Neben- bzw. Gliedsätzen handelt es sich? Trage die Ziffern ein. (9 Punkte)

☐ Subjektsatz ☐ Adverbialsatz ☐ ☐ ☐ Relativsatz

☐ Objektsatz ☐ Partizipialkonstruktion ☐ ☐ Infinitivkonstruktion

Eine Bewerbung, A die zum Erfolg führt, muss nicht durch Originalität aufgefallen sein. B Dass manchmal einfach Glück im Spiel ist, lässt sich nicht leugnen. C Da man dieses allerdings nicht erzwingen kann, empfiehlt es sich dringend, D jede Bewerbung sorgsam zusammenzustellen. E Für eine Studie befragt(,) gaben Personalmanager an, F dass sie auf formale Aspekte und besonders auf die Angaben im Lebenslauf achten würden. Unternehmen wollen die Gründe nachvollziehen können, G die jemanden zur Bewerbung bewegt haben. Man sollte seine Interessen und auch außerschulische Aktivitäten herausstellen, H um das persönliche Profil zu schärfen. Ein Schulzeugnis, I das durch gute Noten eine zuverlässige Arbeitshaltung nachweist, ist sehr vorteilhaft!

Vergleiche deine Ergebnisse mit dem Lösungsheft. Für jede richtige Antwort bekommst du einen Punkt.

☺ 27–20 Punkte	☺ 19–13 Punkte	☹ 12–0 Punkte
Gut gemacht!	Gar nicht schlecht, aber lies dir die Informationskästen auf den Seiten 57 bis 63 noch einmal genau durch.	Arbeite die Seiten 57 bis 63 noch einmal genau durch.

Was kannst du schon? – Rechtschreibung

1 **a** Unterstreiche im folgenden Text zehn Nominalisierungen. (10 Punkte)
   b Vier dieser Nominalisierungen werden nicht durch Begleitwörter angekündigt. Umkreise sie. (4 Punkte)

Beim Rechtschreiben hilft kein Raten. Vielmehr sollte zunächst ein genaues Lesen der Regeln erfolgen. Nach

dem Studieren der Regeln gilt es, Gelerntes in Ruhe anzuwenden und Unklares im Wörterbuch nachzuschlagen.

Wenn ihr Gleichaltrigen Regelhaftes erklärt, haben alle eine gute Übung. Das Anlegen einer Rechtschreibkartei

bzw. das Klären der eigenen Fehlerschwerpunkte ist außerdem sinnvoll.

2 Prüfe, ob die Wörter in Großbuchstaben Nominalisierungen sind.
Kreuze an. (8 Punkte)

	Nomina-lisierung	keine Nomina-lisierung
A Max hat sich ein NEUES Wörterbuch gekauft.	☐	☐
B In der Prüfung will er bis zum LETZTEN kämpfen.	☐	☐
C Er hat im Wörterbuch etwas NEUES erfahren.	☐	☐
D Den BLAU unterlegten Informationskasten muss man lernen.	☐	☐
E Beim Ankreuzen entscheidet er sich für das RICHTIGE.	☐	☐
F Das ist die LETZTE Stunde vor der Klassenarbeit.	☐	☐
G Max wendet die RICHTIGE Rechtschreibregel an.	☐	☐
H Nicht geübt – ein Mitschüler schreibt „das BLAUE vom Himmel".	☐	☐

3 **a** Prüfe die Schreibweisen der mehrteiligen Eigennamen und Herkunftsbezeichnungen:
   Jeweils eine ist falsch geschrieben, unterstreiche sie. (6 Punkte)

VORSICHT
FEHLER!

A das alte Testament – die frühe Neuzeit

B die blaue Grotte (von Capri) – der blaue Montag

C das schwarze Meer – das schwarze Schaf

D das lyrische Ich – der berliner Lyriker

E das Drama der weimarer Klassik – das bürgerliche Trauerspiel

F der erste Weltkrieg – die Goldenen Zwanziger

b Schreibe die unterstrichenen Wortgruppen verbessert auf. (6 Punkte)

_____

_____

_____

4 Zusammen oder getrennt? Trage richtig ein. (5 Punkte)

A Wortgruppen mit *sein* muss man _____ . | getrennt?schreiben

B Rechtschreibregeln kann man schlecht _____ . | zusammen?fassen

C Man sollte die verschiedenen Regeln _____ . | auswendig?lernen

D Durch stete Wiederholung wird vieles im Gedächtnis _____ . | haften?bleiben

E Dann wird man in der Klassenarbeit auch alles _____ . | richtig?schreiben

5 Trage die Verbindung aus Adjektiv und Verb für jeden Satz richtig ein. (6 Punkte)

blau?machen

A Sevda will einen roten Schal stricken, Diane will ihren _____ .

B Kevin sollte keinesfalls an einem Montag _____ .

richtig?liegen

C Nina wird mit ihrer allzu einfachen Erklärung nicht _____ .

D Jonathan kann nur kreativ sein, wenn seine Stifte _____ .

richtig?stellen

E Baris muss dringend seine Behauptung von gestern _____ .

F Carla hat den Tisch verschoben, sie muss ihn wieder _____ .

6 Wie lässt sich die Schreibweise der markierten Stellen in den unterstrichenen Wörtern klären? Schreibe neben jedes Wort die Nummer der geeigneten Probe. (9 Punkte)

1 = Verlängerungsprobe   2 = Ableitungsprobe (+ Zerlegen)   3 = „welches"-Probe

4 = Probe: Nomenbegleiter ergänzen   5 = im Wörterbuch nachschlagen

Armer Superschüler!

Von Timo wird im Unterricht ganz selbstverständlich A **B**estes ☐ erwartet. Auch einmal B **L**ob ☐ zu bekommen, würde ihn freuen. Aber er lässt sich C **äu**ßerlich ☐ nichts anmerken. D Da**ss** ☐ ihm die Anerkennung fehlt, ist E einleuchtend ☐ . Das Lernen, F da**s** ☐ ihm bisher immer G **S**paß ☐ gemacht hat, H rei**ß**t ☐ ab. Timo beschließt, seine I **Public Relations** ☐ zu verbessern: Er meldet sich jetzt öfter einmal!

7 a Überprüfe deine Lösungen mit Hilfe des Lösungsheftes. Für jede richtige Antwort bekommst du einen Punkt.
b Trage ein, wie du die Aufgaben bewältigt hast: ✔ = das meiste richtig   ? = noch etwas unsicher

Aufgabe	1 ☐	2 ☐	3 ☐	4 ☐	5 ☐	6 ☐
Weitere Übungen	Seite 69	Seite 69	Seite 70	Seite 72–73	Seite 72–73	Seite 77–81

Groß- und Kleinschreibung

Großschreibung: Nominalisierungen

Wissen und können	Nominalisierungen

Verben, Adjektive, Adverbien und Wörter anderer Wortarten schreibt man in der Regel groß, wenn sie im Satz als Nomen gebraucht werden. Du erkennst solche **Nominalisierungen** meist an ihren **Begleitwörtern.** Das kann z. B. sein:

- ein **Artikel,** z. B. *das Neue, das Üben.*
- ein **Pronomen,** z. B. *dieses Wissenswerte, etwas Verständliches.*
- ein **Adjektiv,** z. B. *sorgfältiges Prüfen, langes Hin und Her.*
- eine **Präposition,** z. B. *beim (bei + dem) Notieren, im Besonderen.*

Tipp: Nicht jedes nominalisierte Wort wird durch einen Nomenbegleiter angekündigt. Mache die **Probe:** Wenn du einen **Nomenbegleiter** (z. B. einen Artikel) **ergänzen** kannst, schreibst du groß, z. B.: *Allerdings erfordert (das/richtiges) Nachschlagen im Wörterbuch eine gewisse Übung.*

1   **a**   **Unterstreiche im folgenden Text die Nominalisierungen und umkreise die Nomenbegleiter.**
      b   **Bei zwei Nominalisierungen fehlen Nomenbegleiter: Finde die Stellen, markiere sie und ergänze die passenden Nomenbegleiter auf der Zeile unten.**

Etwas aus der Mode: Diktate!

Früher wurden im Deutschunterricht häufig Diktate geschrieben, um das Rechtschreiben zu üben.

A Auch in höheren Klassen wurde Schreiben durch das Diktieren von Texten trainiert. B Im Allgemeinen galt:

C Der Text wurde zuerst im Ganzen vorgelesen. D Danach wurden die Sätze einzeln vorgelesen und anschließend

in sinnvollen Worteinheiten diktiert, Fragen war nicht erlaubt. E Im Falle eines Nichtmitkommens ließ man erst

einmal Lücken! F Zum Schluss sollte deutliches und langsames Vorlesen des gesamten Textes Zeit zum Ergänzen

und Überarbeiten geben.

Satz *A*   : _____   Satz _____ : _____

2   **Umkreise bei den unterstrichenen Wörtern den richtigen Anfangsbuchstaben und streiche den falschen durch. Prüfe Zweifelsfälle mit der Probe durch Erweitern um einen Nomenbegleiter.**

Meist ging während des d/Diktierens ein Schüler nach vorn und schrieb g/Gehörtes mit. Wer schon einmal

an der Tafel m/Mitschreiben musste, weiß, dass das nichts e/Einfaches ist. Das v/Verrückte ist, dass man an der

Tafel häufiger f/Fehlerhaftes notiert als im Heft. Vielleicht fehlt es am n/Nötigsten: Zeit zum n/Nachdenken

beim s/Schreiben. Vielleicht stört die u/Ungewohnte Schreibsituation im s/Stehen. Zudem ist die Größe der

Buchstaben etwas i/Irritierend. Das k/Korrigieren erfolgte dann vor aller Augen. Später durfte man am Over-

headprojektor auf Folie m/Mitschreiben: immerhin im s/Sitzen. Heute führt man a/Ab und z/Zu ein Partner-

diktat durch. Man kann auch allein ü/Üben, indem man g/Geschriebenes mit Musterlösungen selbst abgleicht.

Meist hilft genaues k/Kennen von Rechtschreibregeln.

3   **Begründe die richtigen Schreibweisen für die letzten drei Sätze von Aufgabe 2 im Heft.**
●●●   **Fertige eine Tabelle an. Trage links die Sätze ein und rechts die Begründung.**

Wiederholung: Eigennamen und Herkunftsbezeichnungen

Wissen und können   **Schreibung bei Eigennamen und Herkunftsbezeichnungen**

- **Eigennamen,** z. B. Namen von Personen, Städten, Ländern oder Flüssen sowie von Institutionen und Einrichtungen, schreibt man **groß.**
- In **mehrteiligen Eigennamen** schreibt man alle Wörter groß mit Ausnahme der Artikel, Konjunktionen oder Präpositionen, z. B.: *das Neue Testament, der Türkische Rote Halbmond, das Rote Kreuz, Karl der Große, Katharina von Bora, die Vereinigten Staaten von Amerika.*
- **Herkunftsbezeichnungen:**
  - Von geografischen Namen abgeleitete **Wörter auf -er** schreibt man immer **groß,** z. B.: *der Worms**er** Reichstag, der Augsburg**er** Religionsfriede, Schwarzwäld**er** Kirschtorte.*
  - Von Namen (z. B. geografischen) abgeleitete **Adjektive auf -isch** werden **kleingeschrieben,** z. B.: *die griech**ische** Philosophie, japan**isches** Papier, die kopernikan**ische** Wende.*

Beachte: In Wortgruppen (festen Verbindungen), die keine Eigennamen oder Herkunftsbezeichnungen sind, schreibt man die Adjektive klein, z. B.: *die höheren Weihen, eine graue Maus, schöne Bescherung.*

---

1 Max hat für ein Referat zur „Medien-Innovation Buchdruck" einige Informationen in Großbuchstaben notiert. Schreibe die Notizen in richtiger Schreibweise ins Heft.
Tipp: Schlage in Zweifelsfällen in einem Wörterbuch nach.

- CHINESISCHE PAPIERPRODUKTION SEIT ERSTEM JAHRHUNDERT NACH CHRISTUS
- PAPIER AB 800 VON ARABERN INS FRÜHMITTELALTERLICHE EUROPA GEBRACHT
- EUROPÄISCHE PAPIERMÜHLEN BALD NACH DER ERSTEN JAHRTAUSENDWENDE
- BEISPIEL: SPANISCHE MÜHLEN ZUR PAPIERPRODUKTION AB 1074
- VERBREITUNGSRAUM: DAS HEILIGE RÖMISCHE REICH DEUTSCHER NATION
- 1450 MAINZER BUCHDRUCKEREI
- FRANKFURTER REICHSTAG 1454: VERKAUF VON GUTENBERG-BIBELN
- BRIEF DES KAISERLICHEN KANZLEISEKRETÄRS AN SPANISCHEN KARDINAL JUAN DE CAVAJAL ÜBER „GUTENBERGISCHE PRODUKTE"
- RELIGIÖSE SCHRIFTEN GEWÖHNLICH IN LATEINISCHER SPRACHE
- LUTHERISCHE BIBELAUSGABE 1534
- NEU: DIE HEILIGE SCHRIFT IN DEUTSCHER SPRACHE
- GRUNDLAGE DER ÜBERSETZUNG: MITTELDEUTSCHE SÄCHSISCHE KANZLEISPRACHE

---

2 Schreibe die unterstrichenen Wortgruppen in richtiger Schreibweise auf die Linien unten.
●●●

Gutenberg experimentierte schon in seiner st/Straßburger Zeit mit beweglichen Lettern. Der erste verlässlich

überlieferte Bleisatzdruck ist das um 1445 gedruckte sogenannte m/Mainzer Fragment – ein Ausschnitt aus einer

m/Mittelalterlichen Dichtung über das j/Jüngste Gericht. Es folgten bald z. B. die m/Mainzer Ablassbriefe, die

Schulgrammatik d/Des Donatus, ein a/Astrologisches Blatt. Erst dann erschien das Produkt, das Anlass zum

Staunen bot: die berühmte l/Lateinische Gutenberg-Bibel von 1454.

Teste dich!

Groß- oder Kleinschreibung?

1 Trage die fehlenden Wörter in die Checkliste zur Überprüfung der Schreibweise von Nominalisierungen ein. (6 Punkte)

Nominalisierungen schreibe ich _____ . Ich erkenne sie an ihren _____ , z. B.:

A ein _____ , z. B. *das* Schwierige, *das* Behalten.

B ein _____ , z. B. *dieses* Denken, *etwas* Nennenswertes.

C ein _____ , z. B. *sorgfältiges* Abheften, *langes* Aufbewahren.

D eine _____ , z. B. *beim* Notieren, *im* Speziellen.

2 Ergänze die Regeln zur Schreibung von Eigennamen und Herkunftsbezeichnungen und trage die folgenden Wortgruppen in der richtigen Schreibweise passend als Beispiele ein. (12 Punkte)

> das b/Bonner Münster • die v/Vereinigten st/Staaten v/Von a/Amerika •
> im a/Alten Jahr • der ch/Chinesische Mönch

A Wenn ein Adjektiv mit einem Nomen eine feste Verbindung eingeht, die aber kein

Eigenname ist, wird das Adjektiv in der Regel _____ ,

z. B. _____ .

B In mehrteiligen Eigennamen mit Bestandteilen, die keine Nomen sind, schreibt man

alle Wörter _____ , mit Ausnahmen der _____ ,

_____ und _____ ,

z. B. _____ .

C Die von geografischen Namen abgeleiteten Wörter auf *-er* schreibt man immer

_____ , z. B. _____ .

D Die von Namen (z. B. geografischen) abgeleiteten Adjektive auf *-isch* werden

_____ , z. B. _____ .

Vergleiche deine Ergebnisse mit dem Lösungsheft. Für jede richtige Antwort bekommst du einen Punkt.

☺ 18–14 Punkte	☺ 13–9 Punkte	☹ 8–0 Punkte
Gut gemacht!	Gar nicht schlecht, aber lies dir die „Wissen und können"-Kästen auf den Seiten 69 bis 70 noch einmal genau durch.	Arbeite die Seiten 69 bis 70 noch einmal genau durch.

Getrennt- und Zusammenschreibung

Wissen und können   **Wortgruppen aus Nomen und Verb, Wortgruppen mit *sein***

- Wortgruppen aus **Nomen und Verb** werden **immer getrennt** geschrieben, z. B.: *Auto fahren, Computer spielen.* **Achtung:** Werden sie **nominalisiert** (▶ S. 69 f.), schreibt man sie **zusammen und groß**, z. B.: *Nur auf der Straße lernt man das Autofahren. Kenntnisse im Computerspielen erwirbt man „von allein".*
- **Wortgruppen mit *sein*** werden **immer getrennt** geschrieben, z. B.: *dafür sein, ein Lichtblick sein.*

1 a Unterstreiche in dieser Einleitung einer Erörterung zum Thema „Soll man Jugendlichen den freien Zugang zum Internet verbieten?" sieben Fehler.
  b Schreibe die verbesserten Wörter in dein Heft.

Kaum war der Buchdruck erfunden, konnte man erste Klagenhören, die Augen würden beim Lesenleiden. Beim Bücherlesen wohlgemerkt! Wenn nun heute Kritiker zu den digitalen Medien Stellungnehmen und sich im Internetverteufeln überbieten, muss man kurz an diese historische Abwehrerinnern. Neues kann erst einmal Angstmachen. Bevor wir jedoch die Lösung gleich im Verbotsuchen, sollten wir uns lieber anschauen, welche Vor- oder Nachteile sich zeigen können, wenn wir im Internetsurfen.

Wissen und können   **Wortgruppen aus Adjektiv und Verb**

Wortgruppen aus **Adjektiv und Verb** werden **meist getrennt** geschrieben, z. B. *gut gestalten, kurz darstellen.* **Aber:** Entsteht durch die Verbindung von Adjektiv und Verb ein **Wort mit einer neuen Gesamtbedeutung,** schreibt man dieses zusammen, z. B.:
Die Erstellung einer Präsentation kann manchmal schwerfallen. (= viel Mühe machen)
Fehler im Vortrag lassen sich mit gutem Material unauffällig glattbügeln. (= ausgleichen, wettmachen)

2 a Verbinde die Adjektive und Verben durch Linien zu sinnvollen Wortgruppen aus Adjektiv und Verb.
  b Setze diese Wortgruppen passend und in der richtigen Schreibung in den Text ein.
  Tipp: Wenn du unsicher bist, wie eine Wortgruppe richtig geschrieben wird, schlage im Wörterbuch nach.

anschaulich	konzentriert	ruhig	näher	leicht

bringen	fallen	gestalten	einarbeiten	sprechen

Schülern und Schülerinnen, die sich _____ , wird die Anwendung der Software

für eine Präsentation _____ . Wenn sie die Folien _____

_____ , können sie dem Publikum auch komplizierteste Sachverhalte greifbar

_____ . Wichtig ist trotzdem, dass sie beim Vortrag _____ .

Wortgruppen aus Verb und Verb

Wortgruppen aus **Verb und Verb** können **immer getrennt** geschrieben werden, z. B.: *schreiben lernen.*
Achtung: Nominalisiert schreibt man sie zusammen und groß, z. B.: *Das Schreibenlernen fällt vielen schwer.*

3 Im folgenden Text sind die Wortgruppen aus <u>Verb und Verb</u> hervorgehoben. Schreibe sie richtig in dein Heft.
Achte auf Nominalisierungen und schreibe diese groß.

In eine Präsentation einführen: Digitale Medien im Klassenraum

Noch vor zwei Jahrzehnten hätte kaum jemand G-L-A-U-B-E-N-W-O-L-L-E-N, dass man im Klassenraum Bilder
und Filme mit einem Beamer an die Wand P-R-O-J-I-Z-I-E-R-E-N-K-A-N-N. Der erste Videoprojektor, mit dem man
ausreichend lichtstarke Bilder E-R-Z-E-U-G-E-N-K-O-N-N-T-E, kam in den späten 1980er-Jahren auf den Markt.
Schnell hat sich diese neue Technik D-U-R-C-H-S-E-T-Z-E-N-K-Ö-N-N-E-N, bald entging auch in den Schulen
niemand einem K-E-N-N-E-N-L-E-R-N-E-N dieser neuen Art des Präsentierens. Heute muss jede/-r Schüler/-in
digitale Medien im Unterricht A-N-W-E-N-D-E-N-K-Ö-N-N-E-N, z. B. für Referate. Welche Medien in welchen
Zusammenhängen sinnvoll S-E-I-N-K-Ö-N-N-E-N, wird kontrovers diskutiert. Gegner des Technikeinsatzes
behaupten, S-P-R-E-C-H-E-N-Ü-B-E-N sowie V-E-R-S-T-E-H-E-N-K-Ö-N-N-E-N kämen dabei zu kurz. Befürworter
betonen, infolge der Bildunterstützung könne mehr vom Inhalt B-E-H-A-L-T-E-N-W-E-R-D-E-N. Ihr könnt euch
durch meinen Vortrag über Vor- und Nachteile der Technik I-N-F-O-R-M-I-E-R-E-N-L-A-S-S-E-N.

Verbindungen aus Adverb und Verb

Verbindungen aus **Adverb und Verb** werden in der Regel
- zusammengeschrieben, wenn die Hauptbetonung auf dem Adverb liegt, z. B.:
  Um bei Gruppenarbeiten Streit zu vermeiden, sollte man sich <u>zusammen</u>nehmen.
- getrennt geschrieben, wenn Adverb und Verb gleich betont werden, z. B.:
  Manche Hürden während der Vorbereitung lassen sich leichter <u>zusammen</u> <u>nehmen.</u>

Tipp: Prüfe mit der **Erweiterungsprobe.** Wenn du ein Wort oder eine Wortgruppe zwischen Adverb und Verb
einfügen kannst, schreibst du getrennt, z. B.
Manche Hürde [...] kann man leichter <u>zusammen</u> (mit anderen) <u>nehmen.</u>

4 Kreuze für jede der folgenden Verbindungen aus <u>Adverb und Verb</u> an, ob Getrennt- oder Zusammenschreibung
richtig ist: Die Erweiterungsprobe hilft dir bei der Entscheidung.

Tipps für einen guten Vortrag

	getrennt	zusammen
A Bei der Vorbereitung sollten in einer Arbeitsgruppe alle miteinander❓arbeiten.	☐	☐
B Man sollte im Vortrag nicht nur den Inhalt der Folien wieder❓geben.	☐	☐
C Sinnvoll ist, dass man voraus❓schickt, wie lange der Vortrag dauert.	☐	☐
D Das Publikum sollte konzentriert zuhören und danach❓fragen.	☐	☐
E Sie sollten ihre Fragen lieber bis zum Schluss zurück❓stellen.	☐	☐

5 Umkreise bei jeder unterstrichenen Verbindung, was betont wird, und kreuze an,
ob sie getrennt geschrieben oder zusammengeschrieben wird.

	getrennt	zusammen
A Nach einem Vortrag sollten alle für eine Reflexion <u>zusammen</u>❓<u>bleiben</u>.	☐	☐
B Ob der Klasse der Vortrag gefallen hat, sollte sie dann <u>zusammen</u>❓<u>entscheiden</u>.	☐	☐

Wissen und können Verbindungen aus Präposition und Verb

Verbindungen aus **Präposition und Verb** schreibt man im **Infinitiv,** in den beiden **Partizipien** sowie bei **Endstellung im Nebensatz zusammen.** Die Hauptbetonung liegt bei der Zusammenschreibung auf der Präposition, z. B. _aufmachen, anleiten, hinführen, vorbereiten, zuschreiben:_
- Im Satz sind diese **Verbindungen trennbar,** z. B.: _Die Einführung bereitet auf das Thema vor._
- Liegt die **Hauptbetonung auf dem Verb,** ist die **Verbindung nicht trennbar,** z. B. _durchlaufen, übersetzen:_
  Jede Vorbereitung durchläuft mehrere Phasen. Fachbegriffe übersetzt man am besten gleich.

6 **a** Unterstreiche alle nicht trennbaren Verbindungen von Präposition und Verb.
  b Schreibe mit den nicht unterstrichenen Verbindungen vier Sätze ins Heft, in denen diese Verbindungen in der Zusammenschreibung verwendet werden müssen.

> hinterfragen • nachfragen • überlegen • vormachen •
> mitsprechen • übernehmen • beilegen • durchmachen • mitarbeiten •
> vorstellen • nachdenken • auftragen • unternehmen • vorführen •
> mitwirken • abstimmen • aufarbeiten • nachtragen • überdenken •
> nachlassen • unterlassen

7 **a** Der folgende Auszug aus einer Klassenarbeit enthält zwölf Fehler
  in der Getrennt- und Zusammenschreibung. Markiere sie.
  b Trage die Wörter im Infinitiv verbessert in die richtige Zeile der Übersicht unten ein.
Tipp: Schlage in einem Wörterbuch nach, wenn du unsicher bist.

Fazit zur Streitfrage: Sollten Schüler/-innen mehr Freizeit haben?

Nach Abwägen aller Argumente möchte ich abschließend hervor heben, dass junge Menschen ihre Interessen großschreiben und ihnen so ausufernd wie möglich nach gehen sollten. Eine kaum überzeugende Position will uns glaubenmachen, Jugendliche sollte man möglichst weitreichend aufs Lernen fest legen, dann seien ihre Möglichkeiten ein geschränkt, Dummheiten zu voll bringen. Aber würde das wirklich weiter helfen? Meine Argumente und Beispiele unter stützen im Gegenteil eine vielversprechendere Einschätzung. Je mehr Eindrücke man in jungen Jahren auf nimmt und je vielfältiger die Erfahrungen sind, die Heranwachsende sammelnkönnen, desto mehr Wissen über die Welt wird später dasein. Wer geistig wach dabei ist, lernt zweifelsfrei in der Schule Wichtiges. Das Wichtigste aber, das konnten die zitierten Studien nachweisen, kann nur das Leben selbst weiter geben und dieses findet bevorzugt in der Freizeit statt. Folgerichtig können wir nie genug freie Zeit haben!

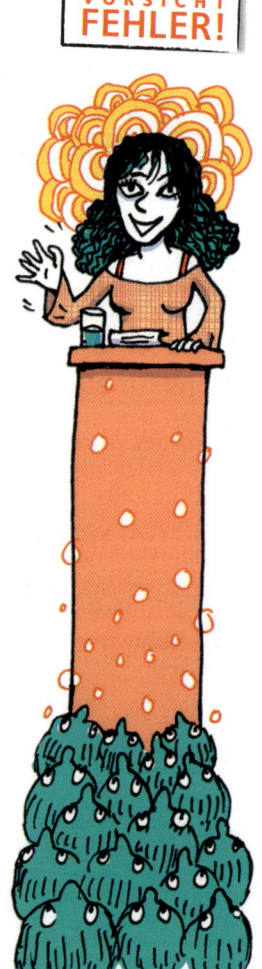

VORSICHT
FEHLER!

A Verb + Verb: _____

B Verbindung mit „sein": _____

C Adjektiv + Verb: _____

D Adverb + Verb: _____

E Präposition + Verb: _____

_____

Teste dich!

Getrennt- oder Zusammenschreibung?

1 **Notiere für jede Verbindung im Rahmen die richtige Schreibung. (6 Punkte)**

Gute Referate sind keine Glückssache

A Referenten sollten berücksichtigen, dass viele Lerner Bilder zu | schätzen❓wissen | . _____

B Wo Informationen anschaulich präsentiert werden, wird Lernen | leicht❓fallen | . _____

C | Gut❓vortragen | kann so mancher, aber aufmerksam | hin❓hören | können nur wenige.

_____

D Dank guter Folien und Bilder wird das Gesagte | haften❓bleiben | . _____

E Langweilig ist, wenn Redner nur | wieder❓geben | , was auf der Folie steht. _____

2 **a Getrennt oder zusammen? Streiche bei jeder Unterlegung die falsche Form durch. (12 Punkte)**
b Umkreise die Wortgruppen, die zusammengeschrieben werden müssen, weil es sich um eine nominalisierte Verbindung von <u>Nomen und Verb</u> handelt. (2 Punkte)
c Unterstreiche Verbindungen, bei denen du die Schreibung mit Hilfe der Betonung prüfen konntest. (4 Punkte)

Abschließend möchte ich zu der Frage Stellung nehmen / Stellungnehmen, ob man den Einsatz von computergestützten Präsentationen über denken / überdenken sollte. Ich bin der Meinung, dass man Vorträge nur sehr gezielt mit einer digitalen Präsentation unter stützen / unterstützen sollte. Nicht wenige Zuhörer/-innen werden es leid sein / leidsein, mit visuellen Informationen über flutet / überflutet zu werden. Gleichzeitiges Text lesen / Textlesen und Bilder anschauen / Bilderanschauen wird dann doch den meisten schwer fallen / schwerfallen. Weil viele Schüler/-innen sich mit elektronischen Präsentationen schwer tun / schwertun und oft keinen guten Eindruck hinterlassen / Eindruckhinterlassen, sollten sie sich um eine gute Vorbereitung lieber nicht herum drücken / herumdrücken. Zusammenfassend lässt sich fest stellen / feststellen: Nur wenn eine Präsentation gut vorbereitet ist, ist der Einsatz eines Beamers oder Whiteboards sinnvoll.

Vergleiche deine Ergebnisse mit dem Lösungsheft. Für jede richtige Antwort bekommst du einen Punkt.

😊 24–19 Punkte	😐 18–13 Punkte	😞 12–0 Punkte
Gut gemacht!	Gar nicht schlecht, aber lies dir die „Wissen und können"-Kästen auf den Seiten 72 bis 74 noch einmal genau durch.	Arbeite die Seiten 72 bis 74 noch einmal genau durch.

Strategien zur Vermeidung von Rechtschreibfehlern

Verlängerungsprobe, Probe zur Großschreibung und Ableitungsprobe

Wissen und können	Tipps zum Rechtschreiben: Verlängerungsprobe

Wenn du nicht sicher bist, ob ein Wort am Silbenende mit **t** oder **d, k** oder **g, p** oder **b, ß** oder **s** geschrieben wird, hilft die Verlängerungsprobe, z. B.: *Ort – (die) Orte, (es) grast – grasen, heiß – heißer.*
Zusammengesetzte Wörter musst du **zerlegen,** damit du den Wortstamm verlängern kannst, z. B.:
Bad|teppich → (die) Bäder, Flug|sand → (die) Flüge – sandiger, Schub|kraft → schieben.

1 Führe für jedes der folgenden Wörter die <u>Verlängerungsprobe</u> durch und weise die Schreibung des gesuchten Lauts nach.

t oder **d?** Glei?sichtbrille • bera?schlagen • Unterschei?barkeit • frie?lich

Gleit | sichtbrille → gleiten,

_____

k oder **g?** Stei?eisen • Lu? und Tru? • Mer?wissen • Pflu?schar

_____

_____

p oder **b?** Lo?rede • lie?kosen • Hu?konzert • Kle?stoff • Pum?station

_____

_____

_____

Wissen und können	Probe zur Prüfung der Großschreibung (Artikelprobe)

Meist wird ein Nomen oder ein nominalisiertes Wort im Satz durch einen Nomenbegleiter angekündigt (▶ S. 69). Ist dies nicht der Fall, wende die **Probe** an: Prüfe, ob du einen **Nomenbegleiter ergänzen** kannst (z. B. einen Artikel). Dann schreibst du groß, z. B.: *Meist führt (das/wiederholtes) Trainieren von Strategien zu weniger Fehlern.*

Neues aus der Schülerzeitung: Gastschüler/-innen kurz vorgestellt

2 Fernanda schreibt über ihre Erfahrungen in einer deutschen Schule. Sie hat noch Probleme mit der Groß- und Kleinschreibung: Streiche jeweils den falschen Buchstaben durch.

Fernanda aus Peru, Klasse 9 a: Ich bin eine 18-j/Jährige Abiturientin, habe das schulische l/Lernen also schon hinter mir. Bei uns geht man meist erst ins Ausland, wenn alle a/Abschlüsse geschafft sind. In meiner Schule wurde nur e/Englisch gelehrt, hier will ich jetzt d/Deutsch lernen. In der Klasse 9 fällt mir v/Verstehen weniger schwer als in der Oberstufe. Außerdem sind hier alle so n/Nett zu mir! Was ich k/Komisch finde: Bei euch wird p/Pünktlichsein großgeschrieben und fast alle halten sich an r/Regeln. Trotzdem kommen m/Manche zu spät zum Unterricht. Hier gibt es viel a/Abwechslungsreiches und s/Schönes zu erleben. Ich lerne jeden Tag etwas d/Dazu.

| Wissen und können | Tipps zum Rechtschreiben: Stammprinzip (Ableitungsprobe) |

Bist du bei einer Schreibung unsicher, hilft fast immer die Suche nach einem **verwandten Wort.**
Der Wortstamm wird in fast allen verwandten Wörtern gleich oder ähnlich geschrieben, z. B.:
- *versäumen – Saum, läuten – laut, Nähe – nah.*
  Gibt es kein verwandtes Wort mit **a** oder **au,** schreibt man mit **e** oder **eu:** *Werke, heute, Leute.*
- *verjähren – Jahre, Wahl – wählen.* Ein **h nach einem betonten langen Vokal** steht besonders häufig
  vor den Konsonanten l, m, n und **r** und bleibt in verwandten Wörtern erhalten.
- *Gehweg – gehen.* Das **silbentrennende h** bleibt in allen Wörtern der Wortfamilie erhalten.
Zusammengesetzte Wörter musst du **zerlegen,** um zu prüfen, ob es für den Wortstamm verwandte Wörter
gibt, die die Schreibung erklären, z. B.: *Fäul|nisbakterien → faulen, ehr|los → Ehre, Geh|gips → gehen.*

3 Wende die Ableitungsprobe an und schreibe die Wörter richtig auf.

| l?ten • d?tlich • R?e • Gem?er |

4 Begründe für folgende Wörter die Schreibung mit einem h hinter dem langen Vokal, indem du
das Stammprinzip anwendest: Zerlege und schreibe je ein verwandtes Wort auf.

| Lähmung • Ohnmacht • sahnig • Sehnsucht |

5 Im Beitrag von James unterstreicht sein Computerprogramm falsch geschriebene Wörter:
- **a** Markiere in jedem unterstrichenen Wort den Fehler.
- **b** Notiere das verbesserte Wort unten bei der Probe, die die Schreibung klärt.

James aus Südafrika, Klasse 9 c: Ihr kennt mich aus der Schulband, da spiele ich Schlakzeug. Ich bin James (16)

und vor drei Monaten aus Pretoria/Südafrika zu euch geflogen. Ich bin mit einer Organisation hergekommen,

aber es get in dieser Zeit niemand von euren Läuten in mein Heimatlant. Ich wollte zuerst nach Naost, aber

das war zu gefährlich. Jetzt bin ich hier, um lernen und leben in Deutschland auszuprobieren. Tja, so zerreist

es einem die Pläne und manches entwickelt sich überraschent anders. Meine Gasdfamilie ist nett, alle sind sehr

heuslich und ich kann über alles reden. Dauernd gipt es hier neues für mich: Die Kultur ist manchmal sehr

anders. Oft bin ich radlos und fühle mich allein. Aber meine Klasse 9 c und die Musig helfen mir. Und ich kenne

eure Sprache immer besser, ganz ohne lästiges vokabellernen. Kommt alle am Samstag zu unserem Konzert

in der Aula!

A Ableitungsprobe: *geht;*

B Verlängerungsprobe: *Schlagzeug;*

C Artikelprobe:

das oder *dass*?

Wissen und können	Relativpronomen (*das*) oder Konjunktion (*dass*)?

- Die **Konjunktion dass** leitet einen Nebensatz ein, der durch **Komma** abgetrennt wird, z. B.:
  Es ist deutlich geworden, dass es mehr Kontra-Argumente gibt.
- Das **Relativpronomen das** leitet einen Relativsatz ein, der sich auf ein Bezugswort im Hauptsatz bezieht,
  und **mit Komma** abgetrennt wird, z. B.: *Der hohe Preis ist ein Problem, das man nicht vergessen sollte.*
  → Nutzt die **Ersatzprobe:** Ist *das* durch *welches* ersetzbar, dann handelt es sich um das Relativpronomen
  das, z. B.: *Das Problem, das (welches) ich diskutieren möchte, ...*
  Tipp: Ebenfalls mit nur **einem s** schreibt man den sächlichen **Artikel das** (*das T-Shirt*) und
  das **Demonstrativpronomen das** (*Das habe ich gekauft*).
  → Auch hier lässt sich *das* meist durch *dieses* ersetzen.

1 Erkläre, warum der erste Nebensatz mit <u>das</u> und der zweite Nebensatz mit <u>dass</u> eingeleitet wurde.

Herausforderung Auslandsjahr

Das Auslandsjahr, das sich so viele junge Menschen wünschen, verläuft für viele etwas anders als erwartet.
Man darf nicht vergessen, dass mit einem Schüleraustausch häufig auch Probleme verbunden sind.

Im ersten Nebensatz _____

_____

Im zweiten Nebensatz _____

_____

2 Setze in die Lücken <u>das</u> oder <u>dass</u> ein. Wende die „welches"-Probe an, wenn du unsicher bist.

Das Problem, A _____ man bei einem Austausch auf keinen Fall unterschätzen sollte, ist, B _____

man bei einer völlig fremden Gastfamilie lebt. Man steht vor der Herausforderung, C _____ man sich an

das Zusammenleben mit völlig Unbekannten gewöhnen und deren Regeln akzeptieren muss. Hinzu kommt,

D _____ die Jugendlichen auch in den Schulen im Gastland völlig anderen Bedingungen begegnen.

Ein Verhalten, E _____ in Deutschland geduldet wird, ist dort möglicherweise verboten.

3 **a** Unterstreiche im folgenden Schülertext die Fehler in der Verwendung von <u>das</u> oder <u>dass</u>.
● ● ● **b** Schreibe den Text verbessert in dein Heft. Unterstreiche bei den Relativpronomen das Bezugswort.

Austauschschülerinnen und -schüler merken oft erst im Gastland, das eine fremde Kultur

große Anpassung erfordert, wenn man nicht ständig anecken will. All das Neue, das zu erleben

am Anfang spannend ist, kann schnell auch überfordern. Auch Heimweh ist ein Problem, dass von vielen häufig

unterschätzt wird. Nicht jeder macht sich bewusst, dass ein Jahr eine lange Zeit ist und man selbst an Tagen wie

Weihnachten oder beim Geburtstag auf Familie und Freunde verzichten muss. Ein Telefonat, dass man mit zu

Hause führen kann, macht es meist noch schlimmer. Das sie es trotzdem schaffen, macht Rückkehrer sehr stolz.

VORSICHT FEHLER!

Im Wörterbuch nachschlagen: Fremdwörter und Fachbegriffe

Wissen und können	Fremdwörter und Fachwörter

- Fremdwörter sind **Wörter, die aus anderen Sprachen** kommen, z.B.: *Grammatik* (griech.), *konservieren* (lat.), *Bonbon* (frz.), *Cliffhanger* (engl.), *Loggia* (ital.). Häufig erkennt man sie an der Aussprache und der Schreibung, wenn sie den Regeln ihrer Herkunftssprache noch folgen.
- **Häufig gebrauchte Fremdwörter** werden eingedeutscht, d. h. in ihrer Schreibweise dem Deutschen angeglichen. In diesen Fällen ist sowohl die eingedeutschte als auch die fremdsprachige Schreibung korrekt, z.B. *Fantasie – Phantasie, Frisör – Friseur, Jogurt – Joghurt*.
- Fremdwörter, die als **Fachbegriffe** verwendet werden (Fachwörter), werden nicht eingedeutscht. Dies gilt auch für Fachbegriffe aus dem Deutschunterricht, z.B.: *Strophe, Metapher, Enjambement*.

1
a Lies den folgenden Eintrag aus einem Fremdwörterbuch.
b Erkläre die Angaben in diesem Eintrag, indem du die folgenden Wendungen passend einträgst.

Nominativ im Plural • Herkunft des Fremdworts • inhaltliche Bedeutung(en) des Fremdworts • Genus/Artikel • Hinweis zur Aussprache • Genitiv im Singular

A _____

Recycling [ri'saiklin] *das, -s, <engl.>*: 1. Aufbereitung u. Wiederverwendung [bereits benutzter Rohstoffe von Abfällen, Nebenprodukten], 2. Wiedereinschleusen der (stark gestiegenen) Erlöse Erdöl exportierender Staaten in die Wirtschaft der Erdöl importierenden Staaten, um deren Zahlungsbilanzdefizite zu verringern.

B _____

C _____

D _____

E _____

2
a Welche Wörter sind hier gesucht? Ergänze fehlende Buchstaben.
   Tipp: Wenn du unsicher bist, schlage im Fremdwörterbuch nach.
b Umkreise das Wort, für das zwei Schreibweisen möglich sind, und notiere beide unten.

B	l	a	m	a				F	r		k			L		p	i	n	g
		a	b	a	r	b	e	r		L	e	i	c	h	t	a		l	e	t	i	k
P	s		c	h	o	l	o	g	i	e		P	o	r	t	e	m	o	n			

_____

3 Für einige Fremdwörter ist neben der fremdsprachigen auch eine eingedeutschte Schreibung möglich.
Kreuze für jedes Wort an, welche Schreibung erlaubt ist.

A ☐ Graphik   B ☐ Atmosphäre   C ☐ Orthografie   D ☐ Photokopie   E ☐ Metapher
  ☐ Grafik   ☐ Atmosfäre   ☐ Orthographie   ☐ Fotokopie   ☐ Metafer

4 Im folgenden Text sind zehn Fremdwörter falsch geschrieben.
   a Unterstreiche die falsch geschriebenen Fremdwörter.
   b Schreibe die Wörter verbessert auf die Schreibzeilen unter dem Text.
   Tipp: Wenn du unsicher bist, schlage im Fremdwörterbuch nach.

Fremde Sprache, schwere Sprache

Auch wenn man den <u>euforischen</u> Berichten anderer Schülerinnen und

Schüler von einer Phase voller Higlights und Parties nicht immer unein-

geschränkt glauben kann, bietet die Scala der Erfahrungen im Ausland

doch vielfältige Nuancen. So erleben die meisten Jugendlichen die

⁵ Generosität der Gastfamilien und die gute Atmosfähre äußerst positiv.

Das schulische Systhem, z. B. amerikanischer Highschools, bietet

diverse Möglichkeiten, auf individuellem Nivau zu lernen und ein gutes

Feedback zu bekommen. Man lernt die Fremdsprache offensiv beim

Sprechen, aber um Vokabeln nicht falsch oder mit fehlerhafter Kono-

¹⁰ tation zu lernen, sollte man es bei Iritationen präferieren, in einem Diktionär nachzuschlagen. Junge Menschen

sammeln im Gastland Ruhtine im Umgang mit einer fremden Kultur und coolen Hobbies. Jede Bewerbung

profitiert, wenn die Biografie einen Auslandsaufenthalt aufweist.

euphorischen, _____

_____

_____

_____

5 **a** Folgende Fachbegriffe werden im Deutschunterricht verwendet:
   Ergänze jeweils den oder die fehlenden Buchstaben.
   b Schreibe für jedes Wort die Bedeutung auf.

A Gedichtanal____se: _____

B Anton____m: _____

C Eu____emismus: _____

D Ana____er: _____

E H____potaxe: _____

F ____etorische Frage: _____

G Sone____: _____

H Po____nte: _____

Teste dich!

Strategien zur Fehlervermeidung anwenden

1 Trage die Wörter im Rahmen in der richtigen Schreibung in die Lücken ein. (8 Punkte)

Es ist nicht leicht, beim _____ Schreiben / schreiben einer Klassenarbeit zeitgleich

auf Rechtschreibfehler zu achten. In jedem Fall ist _____ Befolgen / befolgen von

Anregungen des Deutschlehrers oder der Deutschlehrerin _____ radsam / ratsam.

Zudem sollte sich lieber niemand davor _____ schäuen / scheuen, die Regeln

und Strategien zur Rechtschreibung bis ins _____ Einzelne / einzelne zu lernen.

Bei jeder Klassenarbeit ist _____ Überarbeiten / überarbeiten am Schluss

wirklich _____ Wichtig / wichtig. Keine Fehler in Rechtschreibung und Zeichensetzung

zu haben, kann _____ schlussentlich / schlussendlich die Note verbessern.

2 Das oder dass? Trage in jede Lücke das richtige Wort ein. (6 Punkte)

A Das Problem, _____ sie in Klassenarbeiten Rechtschreibfehler machen, haben viele Schüler/-innen.

B Wenn man weiß, _____ man bestimmte Fehler häufiger macht, kann man gezielt daran arbeiten.

C Ein Fehlerprofil, _____ man auf der Grundlage der letzten Klassenarbeiten anlegt, zeigt Übungsschwer-

punkte. D Man weiß dann, _____ man in diesen genau abgegrenzten Bereichen trainieren sollte.

E Wiederholt man die zugehörigen Strategien und Regeln gezielt, erhöhen sich die Chancen, _____ man nicht

wieder dieselben Fehler macht und _____ die nächste Klassenarbeit darum besser ausfällt.

3 a Zwei Fremdwörter je Zeile sind falsch geschrieben, streiche sie durch. (6 Punkte)
   b Notiere für beide die Verbesserung am Rand. (6 Punkte)

VORSICHT FEHLER!

A Philosofie   Metapher   Antitese   _____

B Suvenir   Ingeneur   Theorie   _____

C Rhythmus   Shampo   Tolette   _____

Vergleiche deine Ergebnisse mit dem Lösungsheft. Für jede richtige Antwort bekommst du einen Punkt.

☺ 26–20 Punkte	☺ 19–13 Punkte	☹ 12–0 Punkte
Gut gemacht!	Gar nicht schlecht, aber lies dir die „Wissen und können"-Kästen auf den Seiten 76 bis 80 noch einmal genau durch.	Arbeite die Seiten 76 bis 80 noch einmal genau durch.

Zeichensetzung

Die Kommasetzung in Satzreihen und Satzgefügen

Wissen und können	Das Komma in Satzreihe (Hs + Hs) und Satzgefüge (Hs + Ns)

- Die einzelnen **Hauptsätze einer Satzreihe** werden durch **Komma** voneinander getrennt, z. B.:
  Die Klasse 9 b wird eine Klassenfahrt unternehmen, sie spricht zuvor über die Freizeitgestaltung.
  Häufig werden Hauptsätze durch nebenordnende Konjunktionen wie *und, oder, aber, doch, sondern, denn*
  miteinander verbunden. Nur vor den Konjunktionen *und* bzw. *oder* <u>darf</u> das Komma <u>entfallen</u>, z. B.:
  Das Alkoholverbot auf Klassenfahrten ist nicht zu hinterfragen, aber die Lehrerin möchte auch das Shoppen
  untersagen (,) und einige Schüler/-innen argumentieren dagegen.
- **Zwischen Haupt- und Nebensatz** (Satzgefüge, ▶ S. 59–64) muss immer ein **Komma** stehen. Ein Nebensatz
  kann **vor, zwischen oder hinter dem Hauptsatz** stehen. Ein Satzgefüge kann mehrere Nebensätze enthalten, die alle mit Komma abgetrennt werden, z. B.:
  Die Frage, ob man bei Klassenfahrten Shoppingtouren verbieten sollte, ist schwer zu beantworten, weil
  vieles dagegen, aber auch einiges dafür spricht.

1 In der Klasse 9 b wird darüber diskutiert, ob auf Klassenfahrten Shoppingtouren erlaubt sein sollen.
  a Setze in den folgenden Satzreihen alle notwendigen Kommas mit Blau und
  alle nicht notwendigen Kommas mit Grün.
  Klammere außerdem die nicht notwendigen Kommas ein.
  b Umkreise, falls vorhanden, die nebenordnende Konjunktion zwischen den Sätzen.

MAX: Wir möchten auf Klassenfahrten auch einmal eine Stunde frei haben
  in dieser Zeit könnten wir doch auch shoppen.

MATHILDA: Genau! Schließlich sind wir während der Woche vormittags in der Schule und
  nachmittags beanspruchen die Hausaufgaben unsere ganze Zeit.

SINA: Leider habe ich auch am Wochenende kaum die Möglichkeit zum Shoppen denn samstags
  findet immer das Training im Verein statt oder ich muss auf Turnieren spielen.

PAUL: Shopping am Wandertag ist verlorene Zeit. Schließlich kann ich nicht nur am Wochenende
  in die Stadt gehen sondern ich kann auch in den Ferien entspannte Einkaufstage einlegen.

2 **a** Trage in den folgenden Satzgefügen die fehlenden Kommas ein und
  umkreise die Konjunktionen und Relativpronomen.
  b Unterstreiche die Hauptsätze <u>blau</u> und die Nebensätze <u>grün</u>.

JULIANNA: Ein Shoppingverbot fände ich sinnvoll denn Shoppen ist keine Entspannung sondern
  bedeutet Stress. Außerdem sollten wir überlegen ob Shopping tatsächlich eine sinnvolle
  Freizeitbeschäftigung ist. Meine Meinung ist dass wir weniger neue Dinge kaufen dürfen die
  dann ohnehin bald wieder im Müll landen und wir dagegen mehr auf Wert auf die lange
  Haltbarkeit unserer Sachen legen müssen. Außerdem schonen wir damit nicht nur die Umwelt
  sondern wir zeigen auch dass wir verantwortungsbewusst handeln können.

Das Komma bei Infinitiv- und Partizipialkonstruktionen

Wissen und können   **Die Kommasetzung bei Infinitiv- und Partizipialkonstruktionen**

Infinitivkonstruktionen darf man immer durch Komma vom Hauptsatz abtrennen.
Ein Komma **muss** stehen, wenn die Infinitivkonstruktion
– **durch *um, ohne, statt, anstatt, außer, als* eingeleitet** wird, z. B.: *Viele tragen Sneakers, **um** sportlich zu wirken*.
– von einem Nomen oder einem hinweisenden Wort wie *dazu, daran, darauf* oder *es* im Hauptsatz **abhängt,** z. B.: *Ich habe den Plan, ein neues Paar Schuhe zu kaufen.*
  Ich freue mich darauf, die neuen Schuhe ein erstes Mal zu tragen.

Bei einfachen Infinitiven (*zu* + Infinitiv) kann man das Komma weglassen, sofern dadurch keine Missverständnisse entstehen, z. B.: *Wir haben große Lust(,) zu wandern.*
Tipp: Bei Infinitivkonstruktionen empfiehlt es sich, immer ein **Komma** zu setzen, weil sie die Gliederung eines Satzes verdeutlichen und **niemals falsch** sind.

1   Überarbeite den Werbetext, den Max im Praktikum geschrieben hat:
Trage acht fehlende Kommas ein und unterstreiche die Infinitivkonstruktionen.

Turnschuhe „gehen" immer

Turnschuhe haben in den vergangenen Jahren einen Aufschwung erlebt anstatt in der Mottenkiste

zu verstauben. Statt die Modelle aus den 1980er- oder 1990er-Jahren zu verändern legen Schuhlabels

die alten Klassiker in frischen Farben auf. Der Akzent liegt auf Sportlichkeit ohne den Fuß plump wirken

zu lassen. Schlichte, flache Sneakers in Weiß zu tragen ist nicht mehr nur Tennisspielern vorbehalten.

Nur an Ferse und Lasche sind Farbtupfer erkennbar um ein bisschen aufzufallen. Limitierte Auflagen

bekommen diejenigen, denen es gelingt am Verkaufstag die Schnellsten zu sein. Um am nächsten

Morgen als Erste das begehrte Modell zu ergattern übernachten echte Fans vor dem

Laden. Statt vom Markt zu verschwinden ist der Schuh zu jeder Zeit ein Allrounder.

2   Setze das Komma so, dass die Freude über das Ereignis betont wird.

Ich freue mich jeden Tag aufs Neue in meine abgetragenen Lieblingsschuhe steigen zu können.

Wissen und können   **Die Kommasetzung bei Partizipialkonstruktionen**

Partizipialkonstruktionen darf man immer durch Kommas vom Hauptsatz trennen.
Ein Komma **muss** stehen, wenn
– durch ein hinweisendes Wort auf die Partizipialkonstruktion Bezug genommen wird, z. B.:
  Ausgestattet mit Markenkleidung, so fühlen sich viele modebewusst.
– die Partizipialkonstruktion eine nachgestellte Erläuterung ist, z. B.:
  Meine Mutter, selbst immer modisch gekleidet, schenkt mir einen neuen Pullover.

3   Setze in den folgenden Partizipialkonstruktionen die Kommas.

Sneakers zumal zum dunklen Anzug getragen sind für manche Modeexperten ein Fauxpas.

Vom Stoff farblich auffallend abgesetzt so nehmen sie dem Erscheinungsbild die Eleganz.

Das Komma bei Appositionen und Erläuterungen

Die Kommasetzung bei Appositionen und nachgestellten Erläuterungen

- Die **Apposition** ist eine besondere Form des Attributs und besteht in der Regel aus einem Nomen oder einer Nomengruppe. Sie folgt ihrem Bezugswort, steht im gleichen Kasus wie dieses und wird **durch Kommas abgetrennt,** z. B.: *In der heutigen Gesellschaft, einer Konsum- und Wegwerfgesellschaft, müssen wir verstärkt auf den Umweltschutz achten.*
- Die **nachgestellte Erläuterung** wird oft mit Wörtern wie *nämlich, und zwar, vor allem, das heißt (d. h.), zum Beispiel (z. B.)* eingeleitet. Sie wird **durch Komma(s) abgetrennt,** z. B.: *Ein Faktor ist für die Bewertung des Konsums zentral, und zwar der Faktor „Müll".*

1 a Unterstreiche im folgenden Text die Appositionen <u>grün</u> und die nachgestellten Erläuterungen <u>blau</u>.
  b Setze zwölf fehlende Kommas.

Müll vermeiden durch Reparaturen: „Repair Cafés" machen es möglich

In den Industrieländern landet unendlich vieles nicht wenig davon unnötig im Müll.

Die Stiftung „Repair Café" will daran etwas ändern und zwar mit Unterstützung ehrenamtlicher Helfer.

An vielen Orten weltweit haben sich Gleichgesinnte zusammengefunden, um selbstlos nämlich ohne

Gewinn erzielen zu wollen Treffpunkte einzurichten. Diese heißen „Repair Café" und dort reparieren

5 ehrenamtliche Mitwirkende ausgestattet zum Beispiel mit Schraubendrehern und anderem Werkzeug

sowie soliden Fachkenntnissen defekte Toaster und zwar kostenlos. Manchmal fehlt nur ein kleines

Ersatzteil zum Beispiel eine Abdichtung oder ein Ventil und bei der Reparatur lernen die Laien, es

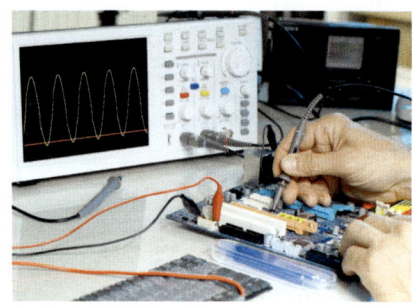

selbst zu machen. Die Nutzer des Angebots also die Eigentümer der defekten Geräte erklären sich schriftlich damit einverstanden,

10 dass mit der Reparatur keine Haftung verbunden ist. Wer selbst ein „Repair Café" eröffnen will, kann sich auf der Website der Stiftung nämlich www.repaircafe.org über die Möglichkeiten informieren.

2 Schreibe die folgenden Sätze ins Heft und füge dabei die angebotenen Wendungen inhaltlich passend
 ●●● als Apposition oder als nachgestellte Erläuterung ein.
Tipp: Satz C kann um zwei Wendungen erweitert werden. Setze die Kommas.

> kaputt – weg – neu • und zwar auch durch Müllvermeidung •
> z. B. in Fragen des Umweltbewusstseins • z. B. von Fahrrädern oder Handys •
> vor allem von Jugendlichen, die ihre Eltern und Lehrkräfte beim Wort nehmen

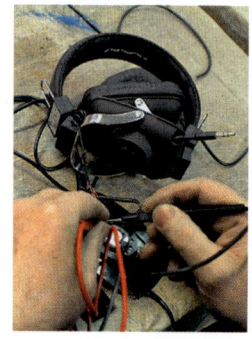

A Man muss die sich immer schneller drehende Konsumspirale verlangsamen.

B Es gilt, den Willen zu Erhalt und Pflege von Alltagsgegenständen zu erhöhen.

C Erwachsene müssen auf ihre Glaubwürdigkeit achten, denn sie werden genau beobachtet.

D Ideen für Nachhaltigkeit sind willkommen.

Die Zeichensetzung bei Zitaten

- **Wörtlich wiedergegebene Textstellen (Zitate)** müssen durch **Anführungszeichen** gekennzeichnet werden. Innerhalb des so gekennzeichneten Zitats darf der **Originaltext nicht verändert** werden.
- **Auslassungen** im Zitat werden durch [...] oder (...) gekennzeichnet, **geringfügige Änderungen** werden in eckige Klammern gesetzt, z. B.:
  Original: *Das Markenbewusstsein führt ...* → Zitat: *Wegen des „Markenbewusstsein[s]" wird ...*
- Treffen **Punkt, Frage- oder Ausrufezeichen** mit den Anführungszeichen zusammen, stehen die Satzschlusszeichen
  - **außerhalb** der Anführungszeichen, **wenn** sie **nicht zu der zitierten Äußerung gehören,** z. B.:
    *Ist es tatsächlich so, dass man sich fair gehandelte Mode „nicht leisten kann"***?**
  - **innerhalb** der Anführungszeichen, **wenn** sie **zu der zitierten Äußerung gehören,** z. B.:
    *„Warum hat Markenkleidung einen so hohen Stellenwert***?"***, fragt der Interviewer.*
  Bei einem angeführten Satz lässt man den **Schlusspunkt** weg, wenn er am Anfang oder im Innern des Ganzsatzes steht, z. B.: *„Das wird sich natürlich ändern", versichert die engagierte Frau.*

1 Mathilda möchte bei einem Projekt im Unterricht einen Text zum Thema „Faires Outfit" erstellen. Sie hat dazu die Besitzerin eines Unternehmens interviewt, das mit fair produzierter Kleidung handelt. Setze im Text bei den <u>wörtlich wiedergegebenen Textstellen</u> alle fehlenden Zeichen (Anführungszeichen, Komma, Satzschlusszeichen).

V O R S I C H T
FEHLER!

Kann Kleidung fair sein?

Beim Einkauf von Lebensmitteln achten die Kunden schon lange auf fair produzierte und gehandelte Produkte betont Frau Vogel. Die Bilder von Kinderarbeitern auf Kakaoplantagen zum Beispiel hätten enorme Wirkung gezeigt. Der Anteil der Biolebensmittel sei auf ganz erheblich[e] Summen angewachsen. Bei der Kleidung werde leider viel weniger auf eine nachhaltige [...] Produktion geachtet. Über 80 % der Jugendlichen hingegen empört sich Frau Vogel legen auf die Marke ihrer Sneakers großen Wert.

5 Die Produktionsweise spielt nur selten eine Rolle! Diese Tatsache ärgert sie. Warum fragt die Unternehmerin kauft man sich für weniger Geld nicht lieber nachhaltig produzierte Kleidung? Sie gibt den Tipp: Zertifikate wie das 2019 eingeführte Siegel Grüner Knopf helfen bei der Kaufentscheidung.

2 Mathilda möchte die folgenden Informationen des *Bundesministeriums für wirtschaftliche Zusammenarbeit und*
●●● *Entwicklung (bmz)* verwenden. Setze in deinem Heft Mathildas Text fort. Zitiere die markierten Stellen wörtlich, füge Zeilenangaben ein. Achte darauf, dass die Zitate manchmal angepasst werden müssen, damit sich ein korrekter Satz ergibt. Du kannst so beginnen: *Das bmz führt an, dass wir etwa „20 % unserer Kleidung [nicht] tragen" (Z.1) und deshalb einfach ...*

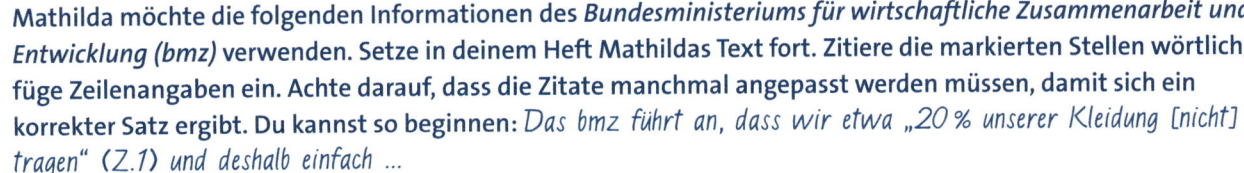

- ☑ Weniger kaufen: <mark>Rund 20 % unserer Kleidung tragen wir nicht.</mark> Stellen Sie sich vor jedem Kauf die Frage, ob Sie das Kleidungsstück wirklich brauchen.
- ☑ Tauschen oder gebraucht kaufen: <mark>Kleidungsstücke werden im Durchschnitt nur viermal getragen, bevor sie aussortiert werden.</mark> Deshalb finden sich <mark>in Tauschbörsen und Secondhandshops,</mark> die es ja in jeder größeren Stadt gibt, <mark>oft gut erhaltene Stücke zu einem guten Preis.</mark>
- ☑ Jährlich fallen <mark>in Deutschland rund 1,35 Millionen Tonnen gebrauchte Textilien und Schuhe allein aus Privathaushalten</mark> an. Kleiderkammern und soziale Einrichtungen nehmen gut Erhaltenes gern, der Rest muss zum Textilrecycling.

Teste dich!

Zeichensetzung

1 Begründe für jeden der folgenden Sätze die Kommasetzung:
Schreibe die entsprechende Ziffer hinter den Satz. (5 Punkte)

1 Satzreihe   **2** Satzgefüge   **3** Infinitivkonstruktion   **4** Apposition   **5** nachgestellte Erläuterung

A Die Möglichkeiten, sich mit Mode auszudrücken, sind vielfältig. ☐

B Eine Novelle von Gottfried Keller, einem Schweizer Schriftsteller, heißt „Kleider machen Leute". ☐

C Viele Menschen experimentieren mit ihrer Kleidung, und zwar auf manchmal überraschende Weise. ☐

D Modeschöpfer sprechen die Träume der Menschen an, denn sie wollen Sehnsüchte stillen. ☐

E Blumenmuster, die für den Frühling oder Sommer stehen, oder goldene Accessoires, welche
Reichtum symbolisieren, sind in regelmäßigen Abständen wieder neu angesagt. ☐

2 a Setze im folgenden Text die Kommas. (7 Punkte)
b Unterstreiche: An welcher Stelle kann ein Komma stehen, muss aber nicht? (1 Punkt)

Eine weitere Inspirationsquelle um Mode zu entwerfen kann Hollywood sein. Läuft im Kino ein großer Blockbuster zum Beispiel ein aufwendiges Kostümdrama mit einem hohen Staraufgebot können sich Modeschöpfer davon beeinflussen lassen und die Looks der Designer wiederum beflügeln zu neuen Geschichten. Heutzutage spielt das Internet eine hervorragende Plattform für Modeblogs eine nicht unerhebliche Rolle für neue Trends.

3 Im folgenden Text sind die Zitate nicht hervorgehoben. Schreibe ihn ins Heft ab
und füge dabei die richtige Zeichensetzung ein. (4 Punkte)

Der Designer Guido Maria Kretschmer schreibt in seinem Buch „Anziehungskraft" (2013) ein Kapitel zu der Frage Wie entstehen eigentlich Trends? Da es auffällig sei, dass es oft ähnliche Looks bei den Designern auf den Modeschauen zu sehen gebe, frage man sich zu Recht Ist das Zufall oder Absicht?, so Kretschmer. Er selbst verneint die Frage nach einer Abstimmung mit den Worten: Diese großen Kreativ-Egos kämen vermutlich nie auf einen Nenner! Kretschmer schreibt weiter: Meine Inspiration für neue Kollektionen kommt aus den unterschiedlichsten Bereichen. Manchmal ist es ein Musikstück oder Architektur, eine Farbe, die mich angesprungen hat, oder Menschen im täglichen Leben.

Vergleiche deine Ergebnisse mit dem Lösungsheft. Für jede richtige Antwort bekommst du einen Punkt.

☺ 17–13 Punkte	☺ 12–9 Punkte	☹ 8–0 Punkte
Gut gemacht!	Gar nicht schlecht, aber lies dir die „Wissen und können"-Kästen auf den Seiten 82 bis 85 noch einmal genau durch.	Arbeite die Seiten 82 bis 85 noch einmal genau durch.

Ich teste meinen Lernstand

Wie kannst du mit der folgenden Einheit arbeiten?

1 Der folgende Test (S. 87–95) hilft dir zu erkennen, was du im Fach Deutsch schon alles gelernt hast:
Was weiß ich? Was kann ich? Wo bin ich noch unsicher? Wo habe ich Lücken?
Du kannst mit dem Test verschiedene Bereiche prüfen:
   – das **Verstehen von Sachtexten und literarischen Texten** (Aufgaben Teil A),
   – **Grammatik** (Aufgaben Teil B) und
   – **Rechtschreibung** (Aufgaben Teil C).
Am Ende des Schuljahres kannst du herausfinden, ob du erfolgreich gelernt hast. In der Mitte des Schuljahres
kannst du testen, wo du Schwächen hast und was du noch einmal üben musst.

2 In dem Test begegnen dir verschiedene **Aufgabenarten**, z. B.: in einer Auswahl an möglichen Antworten die
richtige ankreuzen (Multiple Choice), Informationen passend zuordnen, Kurzantworten geben oder zu
Materialien einen informativen Text schreiben und Stellung nehmen.

3 Lies die Texte und die **Aufgabenstellungen** immer sehr aufmerksam und überlege, bevor du z. B. vorschnell
ankreuzt, ob du jeweils **genau verstanden** hast, **was verlangt wird.**

4 Du kannst deine Antworten mit Hilfe des Lösungsheftes selbst prüfen und anhand der erreichten Punktzahl
deinen **Lernstand bewerten**.
Vielleicht kannst du den Test auch zusammen mit einem Partner / einer Partnerin schreiben. Abschließend
könnt ihr eure Fehlerschwerpunkte feststellen und beraten, was noch einmal geübt werden sollte.

A Einen Sachtext verstehen

**Lies den Text über die amerikanische Militärbasis Area 51 und löse die Aufgaben auf den nächsten Seiten.
Beachte: Bei Multiple-Choice-Aufgaben ist immer nur eine Lösung richtig.**

Nicole Sagener

Militärbasis Area 51 – Aliens und fliegende Backbleche (2013)

„Die Wahrheit liegt irgendwo da draußen." So trös-
tete sich FBI-Agent Fox Mulder immer dann, wenn
sein Ziel, die Existenz außerirdischer Intelligenz auf
der Erde zu beweisen, abermals von Unbekannten
5 durchkreuzt wurde. Neun Jahre, bis 2002, jagte Mulder mit seiner skeptischen Partnerin Dana Scully in
der US-Fernsehserie *Akte X* vergeblich teils extra-
terrestrischen[1] Lebensformen nach. Beliebter Schau-
platz war dabei wiederholt das mysteriöse Sperr-
10 gebiet namens Area 51 in der Wüste von Nevada.
Eine eingeschworene Gemeinde von Verschwö-
rungstheoretikern und Ufologen ist überzeugt, dass
dort die Überreste von Außerirdischen aufbewahrt
werden, die nach dem Absturz ihrer fliegenden
15 Untertasse 1947 nahe der US-Kleinstadt Roswell
geborgen worden seien.

Der US-Geheimdienst CIA bestätigt in einem nun
veröffentlichten Archivdokument die Existenz der
militärischen Sperrzone Area 51 rund 200 Kilome-
ter nordwestlich der
Glücksspielmetropole
Las Vegas. Von flie-
genden Untertassen
ist darin allerdings
nicht die Rede. Offen-
bar wurde das Areal
als Testgelände für die
Spionageflugzeuge
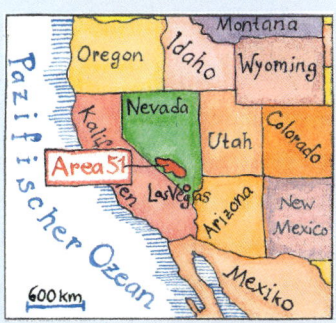
U-2 und Oxcart etwa während des Kalten Krieges[2]
genutzt. Für die ohnehin seit Jahren schwächelnde
Gemeinschaft der Ufologen dürfte das ein herber
Schlag sein. Die Area 51, jener fruchtbare Boden für

---

1 extraterrestrisch: außerirdisch

2 Kalter Krieg: Konflikt zwischen den Westmächten unter Führung der USA und dem Ostblock unter Führung der UdSSR/Sowjetunion (1947–1989),
deren Einflussbereiche strikt getrennt wurden („Eiserner Vorhang")

Verschwörungstheorien, fällt der banalen Realität zum Opfer.

35 Ohnehin werden seit Jahren immer weniger fliegende Untertassen gesichtet. Allein in Großbritannien haben sich von einst mehr als hundert Ufo-Vereinen zwei Drittel aufgelöst. 2009 schloss auch noch das britische Verteidigungsministerium sein Büro für
40 unbekannte Flugobjekte. 2012 beriefen Ufologen daher die Krisentagung *Seriously Unidentified? – Ernsthaft unbekannt? –* an der Universität Worcester ein. „Die Zahl paranormaler[3] Aktivitäten ist stabil", sagte damals zwar Dave Wood von der 1981 gegründeten
45 britischen *Association for the Scientific Study of Anomalous Phenomena.* Geister würden nach wie vor rege gesichtet und auch Gedanken telepathisch[4] übertragen. „Aber die Zahl der Ufo-Meldungen ist in den vergangenen zwanzig Jahren um 96 Prozent
50 eingebrochen." Gehe es weiter wie bisher, sei die Ufologie in zehn Jahren tot.

Der Hype um Außerirdische scheint sich zu legen. Er hielt lange an.

Am 24. Juni 1947 wurden neun leuchtende Objekte
55 in der Nähe vom Mount Rainier im US-Bundesstaat Washington gesichtet – „als ob man Untertassen übers Wasser hüpfen lässt", berichtete der Augenzeuge Kenneth Arnold damals. Dass Arnold die Objekte ursprünglich als eher bumerangförmig be-
60 zeichnet hatte – in anderen Quellen ist von „ähnlich einem Backblech" die Rede –, ging unter.

Im selben Jahr dann kam es in New Mexico zum legendären Roswell-Zwischenfall: Ein Farmer aus der Kleinstadt entdeckte in der Wüste des US-Bundes-
65 staates merkwürdige Stücke aus einem ultraleichten, silbern glänzenden Material. Die Air Force erklärte, es handele sich um Überreste eines Wetterballons. Doch bis heute sind Ufologen davon überzeugt, dass hier Wrackteile eines Raumschiffs
70 lagen. Dies sei abgestürzt und die Army habe vier Leichen von Aliens geborgen und sie schnurstracks in die geheime Militärbasis Area 51 verfrachtet und dort schockgefrostet.

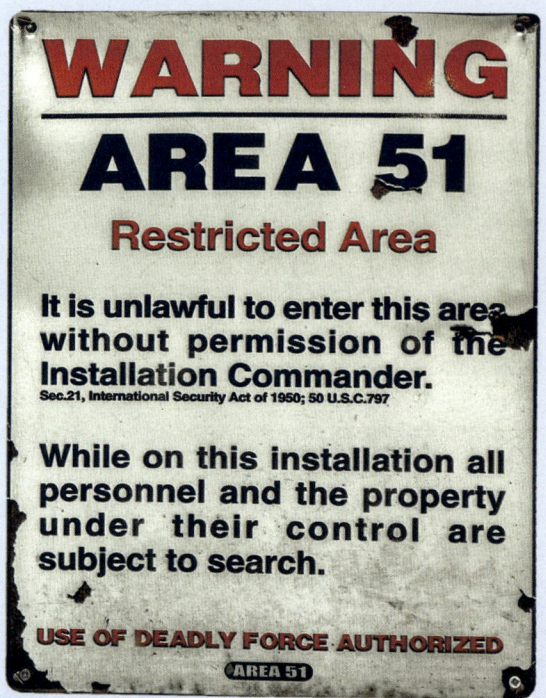

Mysteriöse Phänomene ließen sich in dieser Zeit bequem mit dem geheimen Spiel der Mächte im Kal-
75 ten Krieg erklären. Zumeist aber entpuppten sich vermeintliche fliegende Untertassen als Wetterballons, Satelliten, Meteoriten oder eben geheime Spionage- und Flugzeugprojekte.

Dass jemals Ufos auf unserer Erde gelandet sind,
80 bleibt weiter unwahrscheinlich. Zwar entdeckten erst kürzlich Astronomen im benachbarten Sonnensystem Alpha Centauri einen steinigen Exoplaneten[5] in gerade einmal 4,3 Lichtjahren Entfernung. Sollte er von hochentwickelten Außerirdischen bewohnt
85 sein, würden diese aber selbst mit moderner Antriebstechnik ungefähr 75 000 Jahre benötigen, um die Erde zu erreichen.

Schließlich ist da noch die Goldfisch-Theorie, die Denis Plunkett vom *British Flying Saucer Bureau* ein-
90 mal einem Reporter erläutert haben soll. Sie besagt, dass die Außerirdischen „nicht sehr interessiert sind an uns, ebenso wie Goldfische nicht an uns interessiert sind und wir nicht an den Goldfischen".

---

3 paranormal: übersinnlich, nicht auf natürliche Weise erklärbar

4 telepathisch: die Telepathie betreffend (Wahrnehmung von Gedanken anderer ohne sinnliche Vermittlung)

5 Exoplanet: Planet, der in einem anderen Sonnensystem um einen Stern kreist

https://www.zeit.de/wissen/geschichte/2013-08/area-51-ufo-cia-archiv-geschichte

Aufgabe 1

Kreuze die richtige Antwort an. Die Area 51 wurde genutzt als …   **1 Punkt**

A ☐ Testgelände der Ufo-Forschung.

B ☐ Testgelände für Spionageflugzeuge.

C ☐ Aufbewahrungsort für abgestürzte Ufos.

D ☐ Aufbewahrungsort für Spionageflugzeuge.   ☐ Punkt

Aufgabe 2

**Kreuze für jede der folgenden Aussagen an,
ob sie richtig oder falsch ist.**

6 Punkte

	richtig	falsch
A In „Akte X" wurde die Existenz Außerirdischer auf der Erde bewiesen.	☐	☐
B Die CIA hat die Existenz der Area 51 bestätigt.	☐	☐
C Ufologen glauben, dass in Area 51 Überreste von Aliens aufbewahrt werden.	☐	☐
D Die Area 51 war nie eine militärische Sperrzone.	☐	☐
E Die Zahl angeblich gesichteter Geister ist stabil, die gesichteter Ufos nicht.	☐	☐
F Ufos tarnen sich häufig als Satelliten oder Spionageflugzeuge.	☐	☐

☐ Punkte

Aufgabe 3

Kreuze die richtige Antwort an. Die Gemeinschaft der Ufologen …

1 Punkt

A ☐ ist in den letzten Jahren erstarkt. B ☐ ist 1947 aufgelöst worden.

C ☐ ist seit 1947 im Aufwind. D ☐ wird seit Jahren kleiner.

☐ Punkt

Aufgabe 4

Kreuze die richtige Antwort an. Astronomen entdeckten erst kürzlich …

1 Punkt

A ☐ einen Exoplaneten in 75 000 km Entfernung. B ☐ einen steinigen Exoplaneten.

C ☐ den Exoplaneten Alpha Centauri. D ☐ einen bewohnten Exoplaneten.

☐ Punkt

Aufgabe 5

Kreuze die richtige Antwort an. „[…] fällt der banalen Realität zum Opfer" (Z. 33 f.) bedeutet …

1 Punkt

A ☐ durch eine einfache Wahrheit entzaubert werden. B ☐ sich als wahr erweisen.

C ☐ zugunsten einer Lüge für wahr erklärt werden. D ☐ in Wahrheit unwirksam sein.

☐ Punkt

Aufgabe 6

Kreuze die richtige Antwort an. „Hype" (Z. 52) bedeutet …

1 Punkt

A ☐ ausgesprochenes Desinteresse. B ☐ ausdrückliche Warnung.

C ☐ Welle inszenierter Begeisterung. D ☐ sinnloser Jubel.

☐ Punkt

Aufgabe 7

Verbinde die Sätze so durch Linien, dass sie die Informationen aus dem Text richtig wiedergeben.

3 Punkte

A Dass ein Farmer aus Roswell 1947 merkwür-dige, silbern glänzende Stücke entdeckte,

a aber die amerikanische Luftwaffe erklärte, es seien die Überreste eines Wetterballons.

B Ufologen sind davon überzeugt, dass es sich bei dem ultraleichten Material um Wrackteile eines Raumschiffs handelte,

b denn die Army habe die Leichen von Außer-irdischen geborgen, um sie in der Militär-basis Area 51 zu verstecken.

C Die Ufologen behaupteten, in der Wüste von New Mexico sei ein Ufo abgestürzt,

c nennt man den legendären Roswell-Zwischenfall.

☐ Punkte

Aufgabe 8

Erkläre die sogenannte „Goldfisch-Theorie" mit eigenen Worten. Was bedeutet der Vergleich? **4 Punkte**

_____

_____

_____

_____ ☐ Punkte

Schau dir das Kurvendiagramm an. Es zeigt die Zahlen zu angeblichen Ufo-Sichtungen.

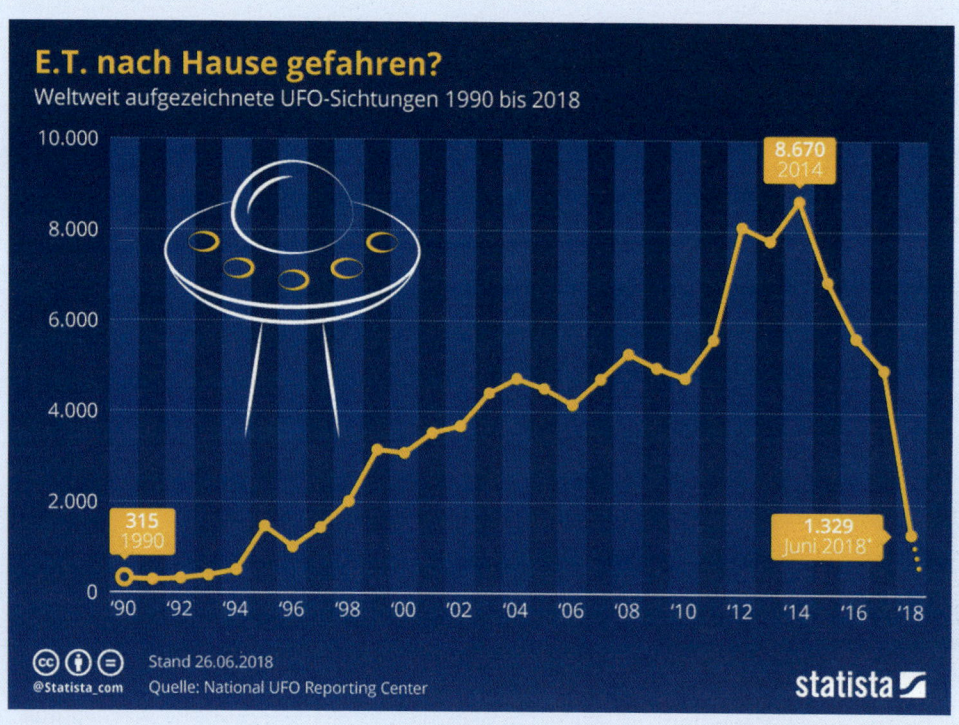

Aufgabe 9

Kreuze für jede der folgenden Aussagen zu dem Diagramm an, **5 Punkte**
ob sie richtig oder falsch ist.

	richtig	falsch
A Im Jahr 1995 wurden 2 000 UFOs gesichtet.	☐	☐
B Die Zahl der UFO-Sichtungen steigt seit dem Jahr 2012 stetig an.	☐	☐
C Die meisten UFOs wurden im Jahr 2014 gesichtet.	☐	☐
D Im Jahr 1990 wurden 315 UFOs gesichtet.	☐	☐
E Seit dem Jahr 2014 geht die Zahl der UFO-Sichtungen zurück.	☐	☐

☐ Punkte

Aufgabe 10

Notiere die Textstelle, auf die sich das Diagramm beziehen lässt. Gib die Zeilen an. **1 Punkt**

_____

_____ ☐ Punkt

Einen literarischen Text verstehen

Lies den Text und löse die folgenden Aufgaben.

Günter Kunert

Die kleinen grünen Männer (1964)

Sie sind in vielen utopischen Romanen beschworen worden; ihr Ursprungsplanet, voreilig als Saturn, manchmal als Mars bezeichnet, wird nun dem Vernehmen nach an den Rand unserer Milchstraße ge-
5 rückt. Dort, wo die schärfsten Teleskope nichts mehr erkennen als schimmernde Flecken, Ballen von dunkler Materie in Dimensionen, für die uns das Vorstellungsvermögen fehlt, dort sollen sie leben, die kleinen grünen Männer, und von dort werden sie
10 einst kommen, meint die Fama[1], um uns zu domestizieren[2].
Es heißt, was sie mit uns vorhaben, wisse niemand. Ihre Pläne seien unbekannt, ihre Ziele fern menschlicher Fantasie. Eine der Spekulationen: Sie neideten
15 uns unsere lichte Welt, den hellen Himmel, die geordneten Verhältnisse, da fröhlich singend man zur Arbeit schreitet, da am Abend man aus dem Fenster blickt und, zufrieden vom Tagwerk, ins große Verdämmern.
20 Gewiss: Über den Zeitpunkt der Invasion besteht umfassende Unklarheit. Manche wiegen sich in der Hoffnung, unser Jahrtausend jedenfalls werde von den kleinen grünen Männern frei bleiben; andere wieder sind fest überzeugt, dass die zarten grünen
25 Finger der aus unzählbaren Raketenschiffen Steigenden eines Morgens und noch in diesem Jahrhundert an unsere irdische Tür pochen werden. Ein ganz leichtes, kaum vernehmbares Geräusch soll es sein. Doch dem, der es hört, werde das Herz stehen-
30 bleiben, meinen jene, die davon reden, selber Unwissende, die das Ausmaß der schrecklichen Wahrheit nicht kennen.
Sie ahnen ja nicht, dass die Landung bereits stattgefunden hat. Das Klopfen ist längst verhallt.
35 Die Schläfer haben sich röchelnd einmal in ihren warmen Betten herumgedreht und nicht gespürt, wie die kleinen grünen Männer mit einem kleinen

grünen Lächeln auf den Gesichtern in sie einschlüpften: Mittels spezieller Instrumente, von denen sich unsere Universitätsweisheit absolut nichts träumen 40 lässt, begaben sie sich durch die dicken schnarchenden Nasen, durch quallige Ohrmuscheln, bleckende Zahnreihen in die dumpfdämmernde Spezies[3] selbst. Dort hausen sie heute.
Wie Panzer fahren sie uns über die Straßen und 45 Treppen, rammen uns gegeneinander. Wenn wir einander leiden machen, uns hassvoll zugrunde richten, treten, stoßen, würgen und töten, verspüren sie der Lust Verwandtes.
Hinter deinen Augen, nachdem du mich verraten, 50 sah ich das kleine grüne Freudenfeuer flackern, das da tief drinnen einer angezündet hatte.

---

1 Fama: Gerücht

2 domestizieren: wilde Tiere zähmen, zum Haus- bzw. Nutztier machen

3 Spezies: Tier- oder Pflanzenart (hier: Mensch)

Tagträume in Berlin und andernorts. Hanser, München 1972, S. 42 f.

Aufgabe 11

Kreuze die richtige Antwort an. Der Text ist ...   **1 Punkt**

A ☐ ein philosophischer Text.

B ☐ eine satirische Kurzgeschichte.

C ☐ ein utopischer Roman.

D ☐ eine lustige Glosse.   ☐ Punkt

Aufgabe 12

Kreuze für jede der folgenden Aussagen zur Kurzgeschichte an, ob sie richtig oder falsch ist.   **6 Punkte**

		richtig	falsch	
A	Die Menschen spekulieren, dass die kleinen grünen Männer sie beneiden.	☐	☐	
B	Der Zeitpunkt der Invasion von einem fremden Planeten ist den Menschen klar.	☐	☐	
C	Die Menschen haben nicht gemerkt, dass die Aliens längst auf der Erde sind.	☐	☐	
D	Die Aliens haben ausgewählte Menschen auf ihren Planeten entführt.	☐	☐	
E	Der Erzähler erkennt nicht, dass sein Gegenüber von Aliens gesteuert wird.	☐	☐	
F	Die kleinen grünen Männer haben Freude an Gewalt.	☐	☐	☐ Punkte

Aufgabe 13

Kreuze die richtige Antwort an. „Sie" (Z. 33) …   **1 Punkt**

A ☐ bezieht sich auf die kleinen grünen Männer.   B ☐ meint die unwissenden Menschen.

C ☐ richtet sich an den Leser (Höflichkeitsanrede).   D ☐ meint die „Schläfer" (Z. 35).   ☐ Punkt

Aufgabe 14

Drei Schüler/-innen haben den letzten Satz des Textes gedeutet (Z. 50–52).
Welcher der drei Deutungen kannst du zustimmen? Begründe mit Bezug auf den Text.   **3 Punkte**

A Tim:
Das Gegenüber des Erzählers ist zu einem kleinen grünen Männchen geworden, das ihn auslacht.

B Luisa:
Der Erzähler ärgert sich, dass ihn sein Gegenüber betrogen hat.

C Elin:
Der Erzähler erkennt, dass ein Alien sein Gegenüber steuert und Lust an dem von ihm verursachten Verrat empfindet.

_____

_____ ☐ Punkte

Aufgabe 15

Kreuze die richtige Antwort an: „[…] sind […] beschworen worden" (Z. 1 f.) bedeutet …   **1 Punkt**

A ☐ „sind bewiesen worden".   B ☐ „sind erschwert worden".

C ☐ „sind beschwichtigt worden".   D ☐ „sind als existierend dargestellt worden".   ☐ Punkt

Aufgabe 16

Kreuze die richtige Antwort an. Der Textauszug von Z. 12 bis 19 ist geschrieben …   **1 Punkt**

A ☐ im Konjunktiv II (Irrealis).   B ☐ in der direkten Rede.

C ☐ in der indirekten Rede.   D ☐ im Futur.   ☐ Punkt

B   Grammatik

Aufgabe 17

**Dativ oder Genitiv? Trage die Wortgruppen im Rahmen im richtigen Kasus in die Lücken ein   6 Punkte
und bestimme im Kästchen:** D **für Dativ oder** G **für Genitiv.**

Ein zentrales Motiv in Science-Fiction-Filmen ist die Vorstellung, dass Aliens die Erde heimsuchen und von

_____ die Menschen ☐ Besitz ergreifen könnten. In vielen Science-Fiction-

Filmen spiegelt sich die Angst der Menschen vor einer _____

ungewisse Zukunft ☐ . Besonders in der Zeit _____

5 _____ der sogenannte Kalte Krieg ☐ , _____ der Konflikt ☐

zwischen den Westmächten und _____ der Ostblock ☐ , entstanden viele Science-

Fiction-Filme, welche die Bedrohung durch das Unbekannte zum Thema haben. „Das Ding aus einer anderen

Welt" oder „Kampf der Welten" sind Beispiele für Filme aus den Fünfzigerjahren, in denen sich die Angst vor

_____ die Invasion ☐ _____ fremde Mächte ☐

10 spiegelt. Besonders angsteinflößend war die Vorstellung, dass Außerirdische von den Menschen Besitz ergreifen

und sie mittels _____

überlegene Technologie ☐ zu _____

seelenlose Wesen ☐ machen. Dafür ist der Film „Invasion der Körper-

fresser" ein gutes Beispiel. Trotz der Veränderung _____

15 _____ die politische Situation ☐ ist das Thema

Invasion, einschließlich _____ das Motiv ☐

_____ die Übernahme ☐ des menschlichen

Körpers durch außerirdische Wesen bis heute aktuell: Ein Beispiel gibt der

Film „Men in Black".   ☐ Punkte

Aufgabe 18

Forme im folgenden Satz den Nebensatz ins Passiv um, um das Geschehen zu betonen.   1 Punkt

Es gibt auch Filme, in denen sich die Hoffnung auf eine Verständigung mit Aliens äußert.

_____

_____   ☐ Punkt

Aufgabe 19

Verbinde zu einer Satzreihe. Vermeide Wiederholungen, indem du die <u>Ersatzprobe</u> anwendest.   **2 Punkte**

Der Film „Contact" (USA 1997) ist eine Ausnahme innerhalb des Genres.

In diesem Film kommt es zu einer positiven Begegnung mit Aliens.

_____

_____   ☐ Punkte

Aufgabe 20

Setze in das Filmzitat aus „Contact" den Konjunktiv II ein.   **2 Punkte**

„Wenn wir die Einzigen im Universum sein _____ (sollen),

_____ (sein) das eine ziemliche Platzverschwendung."   ☐ Punkte

Aufgabe 21

Verbinde zu Satzgefügen, in denen die Vorzeitigkeit im Plusquamperfekt ausgedrückt wird. Verwende die Konjunktion <u>nachdem</u>.   **2 Punkte**

A   Die Cutterin schneidet das Filmmaterial. Die Crew dreht die letzte Aufnahme.

_____

_____

B   Der Film erhält einen Oscar. Die Film-Crew feiert die Auszeichnung.

_____

_____   ☐ Punkte

Aufgabe 22

Verbinde jedes der Satzpaare zu einem Satz. Manchmal musst du die Satzglieder umstellen.   **5 Punkte**
a   Notiere für jede angebotene Konjunktion den Buchstaben des Satzes, den sie passend verbinden kann.
b   Schreibe die Sätze in dein Heft.

☐ während   ☐ obwohl   ☐ weil   ☐ nachdem   ☐ denn

A   Der Plot des Filmklassikers „E. T. – Der Außerirdische" ist schnell erzählt. Er ist sehr schlicht.

B   Elliot findet ein merkwürdiges Wesen. Es wurde versehentlich auf der Erde zurückgelassen.

C   Der Außerirdische jagt ihnen zuerst Angst ein. Elliot und seine Geschwister wollen ihm helfen.

D   Die Kinder verstecken ihn. Die Erwachsenen dürfen nichts davon erfahren.

E   E. T. kann nur auf seinem Heimatplaneten überleben. Auf der Erde muss er bald sterben.   ☐ Punkte

C   Rechtschreibung

Aufgabe 23

In eurer Schule werden zur Lesemotivation regelmäßig Buchempfehlungen ausgehängt.   **10 Punkte**
Die folgende Empfehlung deines Mitschülers Egon für einen Science-Fiction-Roman enthält
einige Fehler: Unterstreiche sie und notiere die Verbesserungen in der Randspalte.

Dringend lesen: Witziger Science-Fiction-Roman!

Worum geht's? Der Roman „Ich und die Menschen" von Matt Haig (erschienen

2014) kann Fantasiewecken und regt zum nachdenken über unser Dasein an. Der

Roman ist aus der Sicht eines Außerirdischen nieder geschrieben, der von einem

fernen Planeten auf die Erde geschickt wurde, um in den Körper des Mathematik-

professors Andrew Martin zu schlüpfen, welcher an einem komplexen mathema-

tischen Problemarbeitet. Das entschlüsseln dieses Rätsels würde die technische

Entwicklung so weit voran treiben, dass die Menschen im Universum eine Gefahr

darstellen würden. Also schlüpft der Außerirdische mit dem Auftrag ins Leben des

Professors, dessen Aufzeichnungen sowie alle anderen zu vernichten, die darüber

Bescheidwissen.

Warum lesen? Das Buch ist sehr humorvoll geschrieben: Weil der Außerirdische

mit dem Leben auf der Erde und der „primitiven Lebensform" Mensch zunächst

überhaupt nicht klar kommt, ergeben sich allerlei kuriose Situationen. Nach

einigem drunter und drüber kann er aber immer mehr liebenswertes an den

Menschen wahr nehmen. Sein vorhaben gerät dadurch ins wanken. Wird es ihm

jetzt noch leicht fallen, die inzwischen lieb gewonnene Familie Martin erbar-

mungslos kalt zu machen? Der Roman hat etwas leichtes und beflügelndes. Er

bringt einen zum schmunzeln – der witzige Stil tut ein übriges dazu.

Punkte

Aufgabe 24

Schreibe auf, welche beiden Fehlerschwerpunkte in dem Text vorkommen.   **2 Punkte**

A ☐ _____   B ☐ _____

Punkte

Autoren- und Quellenverzeichnis

S. 5: lara-karibu.blogspot.de*; **S. 6:** http://www.internationaler-jugend-freiwilligendienst.de/ijfd/ und http://www.internationaler-jugend-freiwilligendienst.de/ijfd/einsatz-stellen.html; **S. 10:** Jane Austen: Stolz und Vorurteil. 14. Auflage Februar 2009. Deutscher Taschenbuchverlag GmbH & Co. KG, München, S. 5–8*; **S. 21:** dpa; **S. 22:** http://kurt.digital/2019/01/22/kommentar-wir-brauchen-einen-veggie-daypro-woche/; **S. 26:** https://www.spiegel.de/panorama/halloween-kommentar-es-lebe-der-humbug-a-1000218.html*; **S. 27:** https://www.bundespraesident.de/SharedDocs/Reden/DE/Frank-Walter-Steinmeier/Reden/2019/05/190506-Eroeffnung-Republica.html#*; **S. 33/34:** Gabriele Wohmann: Du kriegst nichts geglaubt. Aus: Scherben hätten Glück gebracht. Erzählungen. Aufbau Verlag, Berlin 2006, S. 65 f.*; **S. 39:** Georg Heym: Der Abend. Aus: Georg Heym: Dichtungen. Philipp Reclam jun., Stuttgart 1969, S. 29; **S. 43 u. 46:** Bertolt Brecht: Der unaufhaltsame Aufstieg des Arturo Ui. Edition Suhrkamp 1966, S. 13–16*; **S. 87:** https://www.zeit.de/wissen/geschichte/2013-08/area-51-ufo-cia-archiv-geschichte*; **S. 91:** Tagträume in Berlin und andernorts. Hanser, München 1972, S. 42 f.
Texte, die mit einem * versehen sind, wurden aus didaktischen Gründen gekürzt, umgeformt oder verändert.

Bildquellenverzeichnis

S. 5: Sina-Sophie Preiss Mit freundlicher Genehmigung: Lara Langenberg; **S. 6 oben:** stock.adobe.com; **mitte:** Adieu-Arche-B Marketing: http://www.wegweiser-freiwilligen-arbeit.com/freiwilligendienst-ausland/ und http://www.wegweiser-freiwilligenarbeit.com/freiwilligendienst-ausland/weltwaerts-projekte/; **S. 7:** shutterstock/David Pereiras; **S. 14:** Bridgeman Images; **S. 15:** Bridgeman Images; **S. 17:** statista: https://de.statista.com/statistik/daten/studie/746280/umfrage/beliebteste-ausgaben-des-taschengeldsbei-kindern/; **S. 23 oben:** stock.adobe.com/Jeanette Dietl; **mitte links:** stock.adobe.com/pictonaut; **mitte rechts:** stock.adobe.com/simoneminth; **unten:** stock.adobe.com/Jeanette Dietl; **S. 28:** dpa Picture-Alliance/dpa-Zentralbild/Britta Pedersen; **S. 46:** stock.adobe.com/stockphoto-graf; **S. 54:** stock.adobe.com/Syda Productions; **S. 60:** stock.adobe.com/DoraZett; **S. 67 links:** Clip Dealer/Darius Turek; **rechts:** stock.adobe.com/I-pics; **S. 68:** stock.adobe.com/© Robert Kneschke; **S. 70:** akg images; **S. 72:** stock.adobe.com/Syda Productions; **S. 75:** stock.adobe.com/Gerhard Seybert; **S. 76:** stock.adobe.com/Sven; **S. 80:** stock.adobe.com/Photographee.eu; **S. 82:** stock.adobe.com/Daniel Ernst; **S. 84 oben:** Shutterstock.com/motorolka; **unten:** picture-alliance/SZ Photo; **S. 86:** stock.adobe.com/hifashion; **S. 88:** ClipDealer GmbH/Claudio Divizia; **S. 90:** statista: https://de.statista.com/infografik/14501/ufo-sichtungen_international/; **S. 92 links:** stock.adobe.com/Daniel Ernst; **mitte:** stock.adobe.com/Jeanette Dietl; **rechts:** stock.adobe.com/pictonaut; **S. 93:** Shutterstock.com/Lena Sanver

Impressum

Teile einiger Kapitel wurden erarbeitet von:
Michael Germann, Cordula Grunow, Angela Mielke, Deborah Mohr, Irmgard Schick, Sandra Simberger und Andrea Wagener

Redaktion: Federlese – Christina Gumboldt, Grevenbroich
Coverfoto: Thomas Schulz, Teupitz

Illustrationen:
Cornelsen/Uta Bettzieche: S. 48, 50, 52, 55, 66
Cornelsen/Nils Fliegner: S. 16, 83
Cornelsen/Jutta Melsheimer: S. 10, 11
Cornelsen/Bianca Schaalburg: S. 71, 74, 81
Cornelsen/Rüdiger Trebels: S. 94
Cornelsen/Sulu Trüstedt: S. 9, 33, 40, 41, 87, 91

Umschlaggestaltung und Layoutkonzept: werkstatt für gebrauchsgrafik, Berlin
Layout und technische Umsetzung: lernsatz.de

Weitere Bestandteile des Lehrwerks

Schülerbuch 9	978-3-06-062780-6
E-Book zum Schülerbuch 9	978-3-06-062620-5
Servicepaket 9	978-3-06-062798-1
Servicepaket 9 auf USB-Stick mit Unterrichtsmanager	978-3-06-200173-4
Schulaufgabentrainer 9	978-3-06-200228-1
interaktive Übungen 9	978-3-06-205276-7
interaktive Übungen 9 Schullizenz	978-3-06-200202-1

www.cornelsen.de

Druck: Parzeller print & media GmbH & Co. KG, Fulda

Ausgabe ohne interaktive Übungen
1. Auflage, 1. Druck 2021
ISBN 978-3-06-062786-8

Ausgabe mit interaktiven Übungen
1. Auflage, 1. Druck 2021
ISBN 978-3-06-062792-9

Deutschbuch

Gymnasium Bayern

Arbeitsheft

9

Lösungen

Cornelsen

Informieren

Einen Informationstext verfassen

Seite 4–9

1 a **Markierungen:**
Anlass: Informationstag zum Thema „Wie geht es nach der Schule weiter?"; **Thema:** „Internationaler Jugendfreiwilligendienst" (IJFD); **vorgegebene inhaltliche Aspekte:** IJFD, Bedingungen, Chancen und Probleme, für welche Schülerinnen und Schüler; **Adressaten:** Mitschülerinnen und Mitschüler; **Textsorte:** zusammenhangender Informationstext
b Richtig ist die Aussage **B**, falsch sind **A**, **C** und **D**.

2 **Material 1:** Bericht über eine Volontärin, zu Chancen und Problemen sowie über für das Programm geeignete Schüler/-innen; **Material 2:** IJFD, Teilnahmebedingungen sowie für das Programm geeignete Schüler/-innen; **Material 3:** Teilnahmebedingungen (Zeitraum/Dauer); **Material 4:** Teilnahmebedingungen (Kosten)

3 a Mögliche unbekannte Wörter: Highschool (M1, Z. 15) = weiterführende Schule; Primary School (M1, Z. 20 f.) = Grundschule; Feuerküche (M1, Z. 29) = Kochen über einem offenen Feuer; gemeinwohlorientierte Einrichtung (M2, Z. 9 f.) = nicht gewinnorientiert, sondern orientiert am gesellschaftlichen Nutzen; nachhaltige Entwicklung (M2, Z. 15) = umwelt- und ressourcenschonendes Wirtschaften zum Schutz der Nachwelt
b + c Mögliche Markierungen (Aspekte in Klammern): **Material 1:** Lara Langenberg, 18 Jahre alt, Grundschule für Mädchen in Kenia, Volontärin (Lara Langenberg) – „aufregende Momente, interessante […] Menschen" (Chancen) – Probleme, Gegenteil von dem, was ich während des Freiwilligendienstes machen wollte, „andere[n] Lebensumstände, wie kein Strom, kein fließendes Wasser, Dusche unter freiem Himmel, Kochen in der Feuerküche" (Probleme, Chancen) – viel gelernt, neue Denkweisen, weiterentwickelt (Chancen) / **Material 2:** Auslandsjahr oder auch nur einige Monate im Ausland, Schulausbildung abgeschlossen (IJFD, Teilnahmebedingungen) – Jugendliche im Alter von 16 bis 26 Jahren, unerheblich, welche Schulausbildung, abgeschlossene Berufsausbildung, ohne Schulabschluss (Teilnahmebedingungen) – gemeinwohlorientierte Einrichtungen (IJFD)

4 **Mögliche Begründung:**
Material **1** enthält detaillierte Aussagen über **Lara Langenbergs persönliche Erlebnisse in Kenia. Sie gibt in ihrem Blog Einblicke in ihre individuellen Erwartungen und Gefühle und schildert persönliche Alltagserfahrungen.**
Diese Art von Aussagen sollte in einem Informationstext nicht verwendet werden, weil **sie weder sachlich noch von allgemeinem Interesse sind.**

5 a **Mögliche Erklärung:** Es ist jeweils nur der zweite Balken von oben relevant, weil nur diese beiden sich auf den IJFD beziehen. Die jeweils anderen Balken informieren über die Bedingungen anderer Freiwilligendienste.
b Für den IJFD sollte man sich **meist 9 Monate vorher** bewerben. Die Dauer beträgt **6 bis 18,** im Durchschnitt **12** Monate. Die Kosten für den IFJD werden finanziert durch **einen Spenderkreis, den die Teilnehmer/-innen selbst aufbauen.** Vorausgesetzt, dass **genug Spenden zusammenkommen,** muss nichts dazugezahlt werden. Sollte dies nicht gelingen, können die Kosten zwischen **60** und **600** Euro liegen. Das Taschengeld pro Monat liegt zwischen **70** und **200** Euro, im Durchschnitt bei **100** Euro. Die Reisekosten **werden von Trägerorganisationen übernommen.**

6 a + b Mögliche Gliederung:

Einleitung IJFD	Auslandsjahr (sechs bis 18 Monate) gemeinwohlorientierte Einrichtungen (sozialer Bereich, Sport, Kultur, Denkmalpflege, Ökologie, Bildungswesen, Frieden und Versöhnung und Demokratieförderung)
Hauptteil Teilnahmebedingungen	**Alter:** Jugendliche im Alter von 16 bis 26 Jahren **Kosten:** Spenden zwischen 60 und 600 Euro, Reisekosten werden übernommen **Einkommen:** Taschengeld 70 bis 200 Euro, im Schnitt 100 Euro **Bedingungen:** Schulausbildung unerheblich, 9 Monate vorher bewerben
Lara Langenberg (Beispiel) Chancen Probleme	18 Jahre alt, Volontariat an Grundschule für Mädchen in Kenia, aufregende Momente, warmherzige Menschen, lustige und verständnisvolle Gastfamilie viel gelernt, neue Denkweisen, persönlich weiterentwickelt organisatorische Probleme, andere Lebensumstände wie kein Strom, kein fließendes Wasser, Dusche unter freiem Himmel, Kochen in der Feuerküche
Schluss Schlussfolgerung: Empfehlung	**Teilnahme sinnvoll für:** junge Menschen, die die Zeit zwischen Schule und Berufsausbildung füllen möchten, indem sie sich im Ausland sozial engagieren; die bereit sind, sich auf andere Lebensverhältnisse und Menschen einzustellen

7 a–d **Möglicher Informationstext:**
(Überschrift) Engagement im Ausland mit dem Internationalen Jugendfreiwilligendienst
(Einleitung) Viele Schülerinnen und Schüler wünschen sich, nach ihrer Schulzeit nicht sofort mit Studium oder Ausbildung zu beginnen, sondern erst einmal ins Ausland zu gehen. Mit dem Internationalen Jugendfreiwilligendienst (IJFD) erhalten sie die Möglichkeit, einen solchen Aufenthalt mit der Arbeit in gemeinwohlorientierten Einrichtungen zu verbinden. Es handelt

sich dabei um eine Organisation, die im Ausland entsprechende Stellen im sozialen Bereich und in den Bereichen Sport, Kultur, Denkmalpflege, Ökologie, Bildungswesen, Frieden und Versöhnung sowie Demokratieförderung vermittelt.
(Hauptteil) Am IJFD können alle Jugendlichen im Alter von 16 bis 26 Jahren teilnehmen, ihre Schulausbildung ist dafür unerheblich. Für den IJFD sollte man sich neun Monate vorher bewerben. Die Kosten werden durch einen Spenderkreis finanziert, den die Teilnehmer selbst aufbauen. In der Regel muss dann nichts dazugezahlt werden. Sollte dies nicht gelingen, können die Kosten zwischen 60 und 600 Euro liegen. Das Taschengeld pro Monat liegt zwischen 70 und 200 Euro, im Durchschnitt bei 100 Euro. Die Reisekosten werden von Trägerorganisationen übernommen.
Die 18-jährige Lara Langenberg absolvierte im Rahmen des IJFD ein Volontariat in Kenia, zunächst an einer Highschool für Mädchen, später an einer Grundschule. Ihr Beispiel zeigt, dass der IJFD eine große Chance sein kann, eine aufregende Zeit zu verbringen und interessante Menschen kennen zu lernen. Außerdem macht Lara in ihrem Blog auch deutlich, dass man sich flexibel auf die Situation einstellen muss, da manches sich völlig anders entwickelt habe, als sie es zunächst erwartete. Gelingt dies, kann man beim IJFD viel über neue Denkweisen und fremde Kulturen lernen und sich persönlich weiterentwickeln. Allerdings können auf die Teilnehmenden auch Probleme zukommen. Man muss sich auf völlig andere Lebensumstände einlassen, hat z. B. oft keinen Strom oder fließendes Wasser. An eine Dusche unter freiem Himmel oder an das Kochen über dem offenen Feuer muss sich manch einer erst einmal gewöhnen. Außerdem können organisatorische Probleme auftreten, z. B. dass man andere Arbeiten ausführen muss, als dies vorher vereinbart wurde.
(Schluss) Der IJFD ist lohnend für Schülerinnen und Schüler, die die Zeit zwischen Schule und Berufsausbildung sinnvoll füllen möchten, indem sie sich im Ausland sozial engagieren. Sie sollten außerdem bereit sein, sich auf andere Lebensverhältnisse und fremde Menschen einzustellen.

8 Enthält der Text alle Informationen zu **den in der Aufgabenstellung genannten Aspekten?** – Wurden unwichtige Informationen oder persönliche Aussagen aus den Materialien **weggelassen?** – Ist der Text für Mitschülerinnen und Mitschüler **verständlich?** – Ist der Text klar gegliedert in **Einleitung, Hauptteil und Schluss?** – Orientiert die Gliederung sich an der **Struktur der Aufgabenstellung?** – Ist der Text **knapp, sachlich** und mit **eigenen Worten** formuliert? – Wurde vorwiegend das **Präsens** verwendet und Äußerungen anderer in **der indirekten Rede** wiedergegeben? – Sind Zusammenhänge **sprachlich deutlich gemacht?**

Über den Inhalt eines literarischen Textes informieren

Seite 10–15

1 Mögliche Inhaltszusammenfassung:
In dem Auszug aus Janes Austens „Stolz und Vorurteil" geht es um Mrs. Bennet, die ihrem Mann von dem neuen jungen, reichen und ledigen Nachbarn berichtet, den sie als perfekten Ehemann für eine ihrer Töchter ansieht. Sie bittet ihren Mann, sich bei dem jungen Herrn vorzustellen, was Mr. Bennet mit wenig Begeisterung aufnimmt.
Der Textauszug wirkt ernst, da Mrs. Bennet ihre Meinung sehr vehement vertritt. Allerdings weist der Textauszug auch heitere Züge auf, da Mr. Bennet vom Ernst der Lage nicht so überzeugt ist wie seine Frau.

2 Mögliche Gründe für das Handeln der Eheleute Bennet:
Mrs. Bennet hat große Sorge, dass nach dem Tod ihres Mannes ihre fünf unverheirateten Töchter ums Überleben kämpfen müssen, daher ist es sehr wichtig, ihre Töchter möglichst gut zu verheiraten. Möglicherweise könnte sogar sie selbst oder die eine oder andere Tochter mitversorgt werden, wenn eine Tochter reich heiraten würde.

3 Mögliche Erklärung:
Während um 1800 eine unverheiratete Frau ein Leben in wirtschaftlicher Unsicherheit und Not erwarten kann, beginnt Jane Austens Text mit der Behauptung, dass es ein unverheirateter, reicher Mann nötig habe, zu heiraten.

4 a rot, grün
Der Romanbeginn ...
... zeigt, dass Mrs. Bennet von der baldigen Ankunft eines neuen Nachbarn erfahren hat.
... demonstriert, wie wichtig es in jener Zeit war, dass ein Mann eine Ehefrau findet.
... führt zu den Themen des Romans – Partnerwahl und das richtige Verhalten von Mann und Frau – hin.
... soll die Leser/-innen unterhalten und die Figuren lächerlich erscheinen lassen.
... macht deutlich, dass es bei der Wahl des Partners ausschließlich um dessen Vermögen geht.
b Vorschlag 3 erscheint zutreffend, weil **zu der Zeit, in der der Roman spielt, eine Hochzeit aus Liebe selten möglich war. Es ging allerdings nicht immer um das Vermögen des Partners, da auch politische Entscheidungen eine Rolle spielen konnten oder auch ein Mann durch die Mitgift einer Frau zu höherem Wohlstand gelangen konnte und nicht nur die Frau durch einen Mann finanziell abgesichert war.**

5 Mögliche unbekannte Wörter:
beträchtlich (Z. 2) = groß, ansehnlich; etwas bedürfen (Z. 3) = etwas brauchen; verpachtet (Z. 13) = zur Benutzung überlassen; niederlassen (Z. 44) = hier: sich ansiedeln; seine Aufwartung machen (Z. 48) = hier: jmd. besuchen, sich anbieten; eine [gute] Partie machen (Z. 66) = reich heiraten; jmd. ersuchen etwas zu tun (Z. 81) = jmd. um einen Gefallen bitten; töricht (Z. 87) = dumm; einen Besuch abstatten (Z. 104) = jmd. besuchen; launenhaft (Z. 115) = launisch; Gemütsart (Z. 115) = Charakter

6 **Mögliche Kernaussagen:**

Mrs. Bennet berichtet von dem neuen Nachbarn, der jung, reich und ledig ist und daher eine gute Partie für eine ihrer fünf unverheirateten Töchter sein könnte. Aus Angst, dass diese in Not geraten könnten, wenn Mr. Bennet verstirbt, versucht sie, ihre Töchter schnellstmöglich möglich reich zu verheiraten.

Mr. Bennet möchte einen Besuch bei Mr. Bingley lieber umgehen und sieht auch keinen so großen Handlungsbedarf wie seine Frau. Er ist außerdem nicht so sehr von der Einzigartigkeit seiner Töchter überzeugt, wie seine Frau es ist. Möglicherweise denkt er nicht über sein eigenes Ableben nach oder aber er ist der Meinung, dass sich schon alles fügen werde und seine Töchter alle einen reichen Mann finden werden.

7 **Mögliche Einleitung:**

In dem Auszug aus dem Roman „Stolz und Vorurteil" aus dem Jahr 1813 von Jane Austen geht es um Mrs. Bennet, die ihrem Mann von einem neuen Nachbarn berichtet, der jung, reich und ledig ist und in ihren Augen somit einen wunderbaren Ehemann für eine ihrer fünf unverheirateten Töchter darstellt. Mr. Bennet hat wenig Lust, sich bei Mr. Bingley vorzustellen. Der Roman befasst sich mit der Thematik der Partnerwahl und welche Rolle Mann und Frau im 19. Jahrhundert in einer Ehe einnehmen bzw. in welchem Verhältnis sie zueinander stehen.

8 **a + b Möglicher Schreibplan:**

1. Sinnabschnitt: Z.1–10: Allgemeine Behauptung zum Thema Wahl des Ehepartners
   – wohlhabende, unverheiratete Männer sind immer auf der Suche nach einer Ehefrau
   – Eltern unverheirateter Töchter beziehen einen solchen Junggesellen sofort in ihre Verheiratungspläne ein, ohne auf dessen Vorstellungen zu achten
2. Sinnabschnitt: Z.11–38: Mrs. Bennets Bericht über den neuen Nachbarn und möglichen Schwiegersohns
   – sehr vermögender, junger Mann hat ein Grundstück in der Nähe gepachtet
   – nach Mrs. Bennets Auffassung als Junggeselle perfekt für ihre Töchter geeignet
3. Sinnabschnitt: Z.39–72: Mrs. Bennets Wunsch, dass ihr Mann sich dem neuen Nachbarn vorstellt
   – Mrs. Bennet hofft, dass sich Mr. Bingley in einer ihrer Töchter verliebt
   – Mr. Bennet soll sich aus diesem Grunde vorstellen gehen, denn auch die Nachbarn werden es tun
   – Mr. Bennet ist nicht angetan von dieser Idee und schlägt vor, seine Frau könne mit den Mädchen allein gehen
4. Sinnabschnitt: Z.73–93: Mr. Bennet bevorzugt eine seiner Töchter
   – Mr. Bennet schlägt vor, seiner Frau für den Besuch ein Schreiben mitzugeben, in dem er seine Tochter Lizzy besonders hervorheben würde, was Mrs. Bennet ihm auszureden versucht
   – Mr. Bennet ist der Meinung, keine der Töchter habe Besonderes zu bieten, was Mrs. Bennet verletzt
5. Sinnabschnitt: Z.94–107: Mr. und Mrs. Bennet vertreten ihre Meinung vehement
   – Mrs. Bennet wirft ihrem Mann vor, er wisse nicht um ihre Qualen
   – Mr. Bennet erklärt, bei einer höheren Zahl reicher Junggesellen auch Besuche abzustatten
6. Sinnabschnitt: Z.108–119: Beschreibung der beiden Charaktere
   – Mr. Bennet ist schlagfertig, humorvoll, zurückhaltend und launisch, was Mrs. Bennet in all den Ehejahren noch nicht richtig durchschauen konnte
   – Mrs. Bennet besitzt wenig Kenntnis, ist uneinsichtig und launisch und fühlt sich häufig nervös; sie leidet darunter, dass die Mädchen noch nicht verheiratet sind, und liebt Tratsch

9 **Mögliche Begründung:**

Es handelt sich um eine/-n allwissende/-n Erzähler/-in, die/der die Handlung kommentiert. Er/Sie beschreibt die Gedanken und Emotionen mehrerer Charaktere (vgl. Z.108–119) und kommentiert die Situation ironisch von außen (vgl. Z.1–10).

10 **Mögliche Beschreibung der Erzählhaltung:**

…, dass der partnerschaftliche Umgang von Frau und Mann in dieser Gesellschaft häufig nicht von Liebe, sondern von finanziellen Abhängigkeiten geprägt ist („beträchtliches Vermögen", Z.2 f.; „das rechtmäßige Eigentum", Z.8 f.). Die Passage am Ende des Ausschnitts scheint an der Oberfläche, die Beziehung von Mrs. und Mr. Bennet humorvoll zu betrachten (z. B. die Untertreibung in „Das ihre war weniger schwer zu ergründen.", Z.113). Allerdings zeugt sie gleichzeitig auch von einem starken Ungleichgewicht in der Beziehung, in der Mr. Bennet seine eigene Gemütslage nur durch eine herablassende und verächtliche Behandlung seiner Frau auszudrücken weiß (z. B. „gelegentlicher Heftigkeit, Schlagfertigkeit, sarkastischem Humor", Z.109 f.). Auch hier liegt die Vermutung nahe, dass ihre Ehe nicht aufgrund von Zuneigung geschlossen wurde.

11 **a + b Mögliche Beschreibung der Wortwahl:**

Mr. Bennet	Mrs. Bennet
gehoben und bildungssprachlich: z.B. „meine Aufwartung machen werde" (Z.106 f.)	einfach: „keinen Besuch abstatten wirst" (Z.103 f.)
oberflächlich höflich und betont überlegen: z.B. „ich habe nichts dagegen, es zu hören" (Z.20 f.), „Du nimmst das bestimmt allzu genau" (Z.73), „Ich wage zu behaupten" (Z.73 f.)	direkt und unhöflich: „wie kannst du nur so schwer von Begriff sein!" (Z.40 f.), „Unsinn!" (Z.45), „du musst" (Z.61, 70)
sarkastisch: „denn da du ebenso hübsch bist […] am besten gefallen" (Z.51–53), „In solchen Fällen […] an die sie denken könnte" (Z.59 f.), „Ich habe großen Respekt vor deinen Nerven […] von ihnen reden höre" (Z.94–97)	

12 a **Mögliche Beschreibung des Satzbaus:**
Sind ihre Sätze länger, spricht Mrs. Bennet zumeist in Satzreihen (vgl. Z. 23–31). Benutzt sie Satzgefüge wie in Z. 45–48, sind diese einfach (Hauptsatz + Nebensatz oder umgekehrt) und die Sätze deutlich kürzer.

b **Mögliche Textbelege und Formulierungen:**
Im Vergleich zu Mr. Bennet nutzt seine Frau einen eher einfachen Sprechstil. Sie spricht oftmals in Satzreihen und zweigliedrigen Satzgefügen. Aufforderungen ohne adäquate Begründungen machen einen Großteil ihrer Aussagen aus (z. B. Z. 61, 65, 70). Höfliche Floskeln, wie sie von Mr. Bennet benutzt werden (vgl. Z. 20 f., Z. 73 f.), fehlen bei ihr vollends. Dadurch wird deutlich, dass sie – anders als Mr. Bennet – vermutlich keine adäquate Schulausbildung genießen konnte.

13 **Mögliche Umformulierungen:**
A Mr. Bennet findet, sie könne ja mit den Mädchen hingehen oder sie lasse sie allein gehen, was vielleicht noch besser wäre, denn da sie ebenso hübsch wie sie alle sei, möge sie Mr. Bingley vielleicht von allen am besten gefallen.
B Mrs. Bennet hält es für wahrscheinlich, dass Mr. Bingley eine ihrer Töchter heiraten könnte. Daher findet sie es unerlässlich, dass ihr Mann ihn so schnell wie möglich besucht.
C Mrs. Bennet weist ihren Mann darauf hin, dass ihre Töchter üblicherweise keine Neuankömmlinge besuchen.

14 **a + b** grün, blau
Das Romankapitel beginnt humorvoll mit der vom auktorialen Erzähler als Tatsache formulierten Behauptung, dass wohlhabende, unverheiratete Männer immer auf der Suche nach einer Ehefrau sind. Deshalb würden es die Eltern unverheirateter Töchter für ihr gutes Recht halten, einen solchen Junggesellen „als rechtmäßige[s] Eigentum" zu sehen und ihn in ihre Verheiratungspläne einzubeziehen. Auf dessen Vorlieben und Vorstellung werde hingegen nicht geachtet.
Das erste Kapitel des Romans „Stolz und Vorurteil" von Jane Austen (1813) beginnt humorvoll mit der vom auktorialen Erzähler als Tatsache formulierten Behauptung, dass wohlhabende, ledige Männer immer auf der Suche nach einer Ehefrau seien. Deshalb würden es die Eltern unverheirateter Töchter für ihr gutes Recht halten, einen solchen Junggesellen „als rechtmäßige[s] Eigentum" (Z. 8 f.) zu sehen und ihn in ihre Verheiratungspläne einzubeziehen.

15 **Mögliche Einsetztexte:**
A gehobener Wortwahl und Höflichkeit – B eine weiterführende Schulausbildung – C in kurzen Aufforderungen – D 65–72 – E dass sie unfähig ist, das Gespräch anders als in schlecht begründeten Forderungen zu führen – F „Schlagfertigkeit, sarkastische[r] Humor" bzw. „von geringer Einsicht, wenig Kenntnissen" (Z. 109–115)

16 **Mögliche Erschließung des Romans:**
(Einleitung) In dem Auszug aus dem Roman „Stolz und Vorurteil" aus dem Jahr 1813 von Jane Austen geht es um Mrs. Bennet, die ihrem Mann von einem neuen Nachbarn berichtet, der jung, reich und ledig ist und in ihren Augen somit einen wunderbaren Ehemann für eine ihrer fünf unverheirateten Töchter darstellt. Mr. Bennet hat wenig Lust, sich bei Mr. Bingley vorzustellen. Der Roman befasst sich mit der Thematik der Partnerwahl und welche Rolle Mann und Frau im 19. Jahrhundert in einer Ehe einnehmen bzw. in welchem Verhältnis sie zueinander stehen.
(Hauptteil) Nachdem der Erzähler zum Einstieg die Tatsache ironisch umkehrt, dass eine Frau im 19. Jahrhundert zum sorglosen Überleben einen Ehemann benötigt, wird im Folgenden die Unterhaltung zwischen Mrs. und Mr. Bennet nüchtern und ohne einen merklich hervortretenden Erzähler wiedergegeben. In dieser Unterhaltung erzählt Mrs. Bennet ihrem Mann, dass ein sehr vermögender, junger Mann, Mr. Bingley, ein Grundstück in ihrer Nähe gepachtet hat. Da sie darin eine gute Gelegenheit sieht, eine ihrer Töchter durch eine Heirat finanziell abzusichern, drängt sie darauf, dass ihr Ehemann ihm einen Besuch abstattet. Mr. Bennet reagiert mit Ablehnung und Ironie, indem er sagt, sie solle die Mädchen besser allein schicken, damit sich Mr. Bingley nicht noch in sie verliebe. Ebenso macht er ihr den nicht ernst gemeinten Vorschlag, er könne ihr ein Empfehlungsschreiben für eine seiner Töchter mitgeben und gipfelt schließlich in der Beobachtung, dass keine seiner Töchter einem Ehemann viel zu bieten hätte. Mrs. Bennet reagiert verletzt darauf, dass ihr Mann die Angelegenheit nicht ernst nimmt, und wirft ihm vor, sie mit der Sorge um die Zukunft ihrer Töchter allein zu lassen.
Das Kapitel endet in einer auktorialen Charakterisierung der beiden Ehepartner, wie sie teilweise auch in dem vorangegangenen Austausch deutlich wurde. Mr. Bennet wird als reserviert und redegewandt, mit einem Hang zum Sarkasmus dargestellt; Mrs. Bennet wird als einfältig und ruhelos beschrieben. Die ironische, gegenüber Mrs. Bennet teils herablassende, Erzählhaltung entspricht damit eher Mr. Bennets Wesensart und Sichtweise. Die Darstellung des Miteinanders von Mann und Frau wirkt ebenso typisch für diese Zeit: Die Frau ist emotional und der Mann behält das letzte Wort.

Argumentieren und überzeugen

Einen Kommentar verfassen

Seite 16–20

2 a **Mögliche Unterstreichungen** (Meinung, Behauptung, Begründung, Beispiel/Beleg):
MaX_1: --- (nur Darstellung des Problems bzw. der Themafrage)
Milli: Ich finde Fastfood gut, weil es uns Schülern, aber auch Berufstätigen, die Möglichkeit gibt, in einer kurzen Mittagspause zu essen. In der schnelllebigen Welt haben viele doch kaum noch Zeit fürs Essen. Dann doch lieber Fastfood als nichts. Außerdem gilt: Geht schnell und kostet wenig!

Fast-NoGo: Ich halte Fastfood für gefährlich, weil es meist ungesund und oft von schlechter Qualität ist. Es ist einfach nicht dasselbe wie frische Lebensmittel, die mit Sorgfalt zubereitet wurden. Ich habe z. B. die Erfahrung gemacht, dass ich mich nach dem Essen von Fastfood einfach nicht mehr gut fühle und schnell wieder Hunger bekomme. Wissenschaftliche Studien der Universität Ulm bestätigen dies: Fastfood kann gerade bei Heranwachsenden Allergien auslösen und liefert kaum wertvolle Nährstoffe.

Maria: Ich bin froh, dass es Fastfood gibt. Die unterschiedliche Auswahl bei den verschiedenen Ketten ermöglicht mir abwechslungsreiche Mittagessen. Ich genieße es aber trotzdem in Maßen, dann ist es nicht wirklich ungesund. Der bekannte Ernährungswissenschaftler Udo Pollmer hat in mehreren Zeitungsinterviews hervorgehoben, dass Fastfood-Esser nicht dicker oder kränker seien als andere.

Heinzelmann: Ich lehne Fastfood ab, denn es zerstört die Esskultur: Messer und Gabel, eine ordentliche Serviette, eine Tischdecke, Zeit und Gespräche gehören doch auch zu einem schönen Essen dazu. Bei uns setzt man sich gemeinsam mit der Familie oder im Freundeskreis an den Esstisch. Wir reden über den Tag, über aktuelle Ereignisse und haben einfach mal Zeit füreinander. Zudem setzt man sich für Fastfood ja kaum mal hin. Man isst teilweise im Stehen, schnell und allein. Außerdem produziert man Unmengen an Müll.

MaX_1: @ Heinzelmann: Ich sehe das ganz anders. Wir verabreden uns gern in Fastfood-Restaurants. Da trifft man oft die halbe Klasse. In ungezwungener Atmosphäre können wir dort quatschen, solange wir wollen. Außerdem sind dort auch viele Familien mit Kindern. Natürlich muss man das Zeug, das da angeboten wird, nicht andauernd essen. Wie überall gilt auch hier: In Maßen genießen.

b pro = MaX_1, Milli, Maria – **kontra** = Fast-NoGo, Heinzelmann

3 Mögliche Argumente, die aus der Grafik abgeleitet werden können:
Pro-Argumente: deutlich mehr Kinder und Jugendliche geben Geld für Süßigkeiten und süße Getränke aus als für Fastfood; sie sind häufig unterwegs und müssen sich dabei mit Essen versorgen
Kontra-Argumente: ein Drittel aller Kinder und Jugendlichen geben Geld für Fastfood aus; mehr von ihnen geben Geld für Fastfood aus als für Hobbys oder Spiele

4 Mögliche Argumente für eine Stoffsammlung pro Fastfood (gefordert sind nur je drei Argumente).
Eine Argumentation kontra Fastfood würde zu einer gespiegelten Anordnung der Argumente führen:

Mein Standpunkt: Ich bin *für* den Konsum von Fastfood.

Pro-Argumente: Man soll Fastfood essen, ...	**Kontra-Argumente:** Man soll kein Fastfood essen, ...
– *weil* es schnell geht und man trotz Zeitmangel etwas essen kann.	– *weil* es ungesund ist.
– *weil* es preisgünstig ist.	– *weil* es nicht satt macht.
– *weil* es überall verfügbar ist.	– *weil* es die Esskultur zerstört.
– *weil* es in Maßen nicht ungesund ist.	– *weil* es viel Müll produziert.
– *weil* Fastfood-Restaurants beliebte Treffpunkte sind.	– *weil* es häufig von schlechter Qualität ist.

5 Achte bei der Auswahl der Argumente darauf, dass du sie entkräften kannst. Du entkräftest ein Argument, indem du darauf eingehst und erläuterst, warum es nicht überzeugt bzw. welche Aspekte es außer Acht lässt.

6 a + b Die Einleitung von Boris / ~~Lena~~ ist nicht gelungen. Sie geht zwar auf den ~~Sinn~~ / Anlass des Kommentars ein, weckt aber gar kein Interesse daran, über die Vor- und Nachteile / ~~den Nährstoffgehalt~~ des Konsums von Fastfood nachzudenken. Außerdem leitet sie keine / ~~eine~~ Meinungsäußerung ein, weil sie lediglich eine ~~begründete~~ / unbegründete Behauptung aufstellt.

7 Mögliche Überarbeitung und Überleitung zum Hauptteil:
Neulich schlenderte ich durch die Stadt und mir fiel auf, wie viele Angebote es zu Fastfood gibt. Die Beobachtung, die Max_1 im Internetforum beschreibt, kann ich daher nur bestätigen. Burger, Döner oder Pommes gibt es auch hier bei uns an fast jeder Straßenecke. Aber man liest oder hört auch oft, dass Fastfood nicht gesund sei. Das schafft tatsächlich Verunsicherung, daher möchte ich im Folgenden die Vor- und Nachteile von Fastfood darlegen.

8 Mögliche Gliederung und Ausformulierung:
Standpunkt: Man sollte kein Fastfood essen, weil ...
Argument pro: es aufgrund seiner schnellen und kostengünstigen Zubereitung häufig von schlechter Qualität ist. Die notwendigen Einsparungen führen dazu, dass keine frischen Zutaten verwendet werden. So werden wohl kaum gesunde Kräuter eingesetzt, vielmehr wird oft auf Fertigprodukte zurückgegriffen.
Argument kontra: Fastfood wird in großen Mengen hergestellt und ist deshalb preisgünstig. Denn Produkte, die in großen Mengen auf dem Großmarkt eingekauft werden, oder Fleisch aus Massentierhaltung sind preisgünstiger.
Argument pro: es aufgrund seiner Qualität ungesund ist, da es nicht die gleichen Vitamine und Nährstoffe enthält, wie frisches und selbstgekochtes Essen. Fastfood wird stets lange gekocht oder warm gehalten bzw. sehr lange konserviert, sodass die Nährstoffe und auch die Vitamine verloren gehen.
Argument kontra: Fastfood kann man aber essen. Es ist zwar ungesund, aber ab und zu und in Maßen schadet es auch nicht.
Argument pro: es die Klimakrise durch die Verwendung von Fleisch bzw. durch die Verpackungen deutlich verschlimmert. Denn die Herstellung von Fleisch verbraucht Unmengen von Wasser und erhöht die CO_2-Produktion massiv. Die Verpackungen, die zumeist aus Plastik bestehen, sind zudem nur über einen sehr langen Zeitraum abbaubar.
Argument kontra: Fastfood schafft durch seine Beliebtheit Arbeitsplätze. Denn von der Herstellung bis zum Verkauf, z. B. in den zahlreichen Imbissbuden, arbeiten sehr viele Menschen im Bereich des Fastfood. Ein Verzicht auf diese Form der Ernährung würde folglich eine Belastung des Arbeitsmarktes bedeuten.

Ich bin der Meinung, dass man Fastfood meiden sollte, weil es ungesund ist, da die Qualität der verwendeten Lebensmittel häufig sehr gering ist und auch die Nährstoffe verloren gehen, zumal man nicht wirklich satt davon wird und deswegen umso mehr davon isst. Dagegen ist natürlich einzuwenden, dass Fastfood in Maßen nicht schadet, wenn man sich überwiegend von frischem und selbstgekochtem Essen ernährt. Ein weiteres Argument dafür, kein Fastfood zu essen, ist die Tatsache, dass dessen Konsum für eine deutliche Verschlimmerung der Klimakrise verantwortlich ist, denn durch die Verwendung von Rindfleisch bleiben der CO_2-Ausstoß und der Wasserverbrauch hoch und durch die Verpackungen entsteht eine hohe Belastung an Plastikmüll. Befürworter von Fastfood verweisen andererseits darauf, dass diese Industrie eine große Anzahl Arbeitsplätze schafft, da die Menge an Fastfood-Restaurants durch ihre Beliebtheit zunimmt und die Öffnungszeiten, gerade in größeren Städten, lang sind. Trotz der genannten Vorteile überwiegen aber für mich eindeutig die Nachteile, sodass ich für einen Verzicht plädiere.

9 **Mögliche Verbesserung** (Verknüpfungen):
Fastfood-Fans wissen einen schnellen Happen zwischendurch zu schätzen, denn es sind oft Menschen, die wenig Zeit haben. Als Beleg lässt sich anführen, dass die vielen Fastfood-Ketten und Schnellimbisse immer sehr gut besucht sind, weil man rasch eine Mahlzeit bekommt. Das haben wir alle schon erlebt. Diesem unbestrittenen Vorteil lassen sich deutliche Nachteile gegenüberstellen: Gegner warnen vor dem Genuss von Fastfood. Sie weisen darauf hin, dass es oft keine gute Qualität habe. Untersuchungen beispielsweise der Universität Ulm zeigen zweifelsfrei, dass Fastfood nur einen geringen Gehalt an wertvollen Nährstoffen aufweist.

10 **Mögliches Fazit:**
pro (Man soll Fastfood essen.): Obwohl man zugeben muss, dass Fastfood nicht wirklich gesund ist und oft auch nicht satt macht, finde ich es dennoch sinnvoll, Fastfood anzubieten, denn es ist besser, auf die Schnelle Fastfood zu essen als gar nichts. – **kontra** (Man soll kein Fastfood essen.): Obwohl viele Menschen es gut finden, schnell etwas zwischendurch essen zu können, bin ich dennoch der Meinung, dass die gesundheitlichen Auswirkungen nicht unterschätzt werden sollten. Wer sich immer nur schlecht ernährt, wird irgendwann krank werden.

11 **Möglicher Schluss:**
Wie dargelegt, gibt es gute Gründe für, aber auch gegen Fastfood. Ein sinnvoller Kompromiss könnte sein, dass man ohne schlechtes Gewissen Fastfood isst, wenn man wirklich einmal wenig Zeit hat, ansonsten aber versucht, sich gesund und umweltbewusst zu ernähren.

12 **Mögliche Stellungnahme pro Fastfood** (fortlaufende Pro-und-Kontra-Gliederung):
(Einleitung) Neulich schlenderte ich durch die Stadt und mir fiel auf, wie viele Angebote es zu Fastfood gibt. Die Beobachtung, die Max_1 im Internetforum beschreibt, kann ich daher nur bestätigen. Burger, Döner oder Pommes gibt es auch hier bei uns an fast jeder Straßenecke. Aber man liest oder hört auch oft, dass Fastfood nicht gesund sei. Das schafft tatsächlich Verunsicherung, daher möchte ich im Folgenden die Vor- und Nachteile von Fastfood darlegen.
(Hauptteil) Ich persönlich bin ein großer Fan von Fastfood. **Für den Konsum spricht ganz besonders, dass** man Fastfood wirklich schnell und überall bekommen und essen kann. In unserer heutigen Zeit bleibt gerade für das aufwendige Kochen keine Zeit – besser isst man dann schnell etwas auf der Hand, als gar nichts zu essen. **Ein wichtiges Gegenargument** mit Blick auf den angeblichen Zeitvorteil des Fastfoods könnte die Erfahrung sein, dass Fastfood oftmals nicht lange satt macht. Das hat bestimmt jeder schon einmal selbst erlebt: Man muss dann doch wieder Zeit investieren und noch etwas essen. Der bekannte Ernährungswissenschaftler Udo Pollmer hat jedoch in mehreren Zeitungsinterviews hervorgehoben, dass Fastfood-Esser nicht dicker sind als andere Menschen. **Befürworter** von Fastfood **führen das Argument an, dass** man in Fastfood-Restaurants in ungezwungener Atmosphäre essen und sich verabreden kann. Meine Freunde und ich, wir verabreden uns sehr gern dort, man trifft aber auch viele Familien in diesen Restaurants an. **Gegner** des Fastfood-Konsums **weisen darauf hin, dass** diese Art zu essen die Esskultur gefährde. Der Umgang z. B. mit Messer und Gabel, aber schlimmer: die gemeinsame Zeit am Familientisch, gingen verloren. Im Stehen und in Eile zu essen, sei der Gesundheit, aber auch dem sozialen Leben abträglich, betonen sie. **Obwohl man zugeben muss,** dass Fastfood nicht wirklich gesund ist und oft auch nicht satt macht, **bin ich dennoch der Meinung, dass** es besser ist, auf die Schnelle Fastfood zu essen als gar nichts.
(Schluss) Wie dargelegt, gibt es gute Gründe für, aber auch gegen Fastfood. Ein sinnvoller Kompromiss könnte sein, dass man ohne schlechtes Gewissen Fastfood isst, wenn man wirklich einmal wenig Zeit hat, ansonsten aber versucht, sich gesund und umweltbewusst zu ernähren.

Eine Pro- und Kontra-Erörterung verfassen

Seite 21–25

1 **Mögliche Unterstreichungen:**
„Die Grünen" – „einen fleischlosen Tag pro Woche" – „Kantinen" – „Reizthema Ernährung" –
„durchschnittlichen Fleischkonsum ... 60 Kilogramm pro Kopf und Jahr" –
„Weniger Fleisch ... gut für die Gesundheit, den Tier- und den Klimaschutz" –
„60 Prozent der Deutschen seien zu weniger Fleischkonsum bereit"

A korrekt
B Jeder Deutsche esse, so die Politikerin Göring-Eckhardt, durchschnittlich zwei Burger am Tag.
C Weniger Fleischkonsum sei gut für die Gesundheit, den Tier- und den Klimaschutz.
D korrekt

2   a   **Mögliche Stichpunkte:**
- Anzahl der Schweinezuchtbetriebe in den letzten 70 Jahren auf weniger als 1/100 gesunken
- Anzahl der Schweine pro Betrieb: 330fach seit 1950
- rapider Anstieg der Betriebsgrößen seit 2005
- Anzahl der insgesamt gehaltenen Schweine seit 1950 verdreifacht

b   **Mögliche Erläuterung:**
Laut dem Umweltbundesamt trägt die Viehwirtschaft in Deutschland mit über 7 % zum Ausstoß von Treibhausgasen bei; weltweit sind es sogar knapp 15 % (vgl. UCDavies.edu). Der Grund dafür ist zum einen das Methan, dass das Nutzvieh beim Wiederkäuen freisetzt. Aber auch die Nutzung von tierischen Abfallprodukten als landwirtschaftliche Düngemittel erzeugt klimaschädliche Gase (vgl. Quarks.de).

3   **Mögliche Auswertung:**
eisenhaltigstes tierisches Lebensmittel: Schweineleber 18–30 mg/100 g
eisenhaltigstes tierisch-vegetarisches Lebensmittel: Eigelb 12,2 mg/100 g
eisenhaltigstes pflanzliches Lebensmittel: Kürbiskerne 12,5 mg/100 g
Laut der Tabelle enthalten tierische und vor allem Fleischprodukte zumeist deutlich mehr Eisen als vegetarische oder rein pflanzliche Produkte. Allerdings ist diese Auswahl (z. B. Apfel, Butterkeks) kaum repräsentativ. Andere Quellen (z. B. Geo.de) zeigen, dass sich Eisen auch leicht in pflanzlichen Quellen finden lässt: Sesam 10 mg/100 g, Pinienkerne 9,2 mg/100 g, Kichererbsen 7 mg/100 g und Erbsen 6 mg/100 g.

4   a + b   **Mögliche Stoffsammlung:**

Argumente **für** einen fleischfreien Tag in Kantinen

Gründe (+ Beispiele) **dafür (pro)**	Gründe (+ Beispiele) **dagegen (kontra)**
– Klimaschutz (verringerter Ausstoß von Methangasen) – gerechtere Flächennutzung (1/3 der Anbauflächen weltweit werden zum Anbau von Tierfutter in Beschlag genommen)	– Bevormundung der Bürger/-innen (jeder soll selbst entscheiden können, was sie/er isst) – Fleisch gehört zu gesunder Ernährung dazu

5   **Mögliche Gliederung:**
Einleitung: Talkshowgespräch über fleischlosen Tag in Kantinen
Überleitung: Themafrage: Ist ein fleischloser Tag in Kantinen ein notwendiger und gut durchführbarer Schritt?
Hauptteil:
Argument 1:   Klimaschutz (verringerter Ausstoß von Methangasen)
Gegenargument 1: Bevormundung der Bürger/-innen (jeder soll selbst entscheiden können, was sie/er isst)
Argument 2:   gerechtere Flächennutzung (1/3 der Anbauflächen weltweit werden zum Anbau von Tierfutter in Beschlag genommen)
Gegenargument 2: sachgerechte Weidehaltung schützt die Umwelt
Fazit

6   **Mögliche Einleitung:**
In einer Talkshow im Fernsehen habe ich vor Kurzem gehört, dass in der Öffentlichkeit die Einführung eines fleischlosen Tages diskutiert wird. Der Vorstoß der Grünen, Kantinen einen „Veggie Day" nahezulegen, stieß bei Regierungsparteien auf wenig Gegenliebe. Wie zu erwarten war, schlägt diese Debatte auch in Internetforen hohe Wellen. Keine Frage: Beim Thema Ernährung lassen wir uns ungern reinreden. Im Folgenden möchte ich die Gründe für und Argumente gegen einen solchen fleischfreien Tag diskutieren.

7   **Mögliche Formulierung:**
Ein weiterer guter Grund für die Einführung eines fleischlosen Tags in Schul- und Betriebskantinen ist der Beitrag zum Klimaschutz. Durch den hohen Fleischkonsum werden riesige Flächen des Regenwaldes, der grünen Lunge unseres Planeten, vernichtet, was wiederum dazu führt, dass mehr Treibhausgase in die Atmosphäre geraten und den Klimawandel vorantreiben.
Wie Zahlen des Bundesamtes für Statistik zur Schweinezucht in Deutschland zeigen (vgl. M3), werden immer mehr Schweine in immer weniger Betrieben gezüchtet. Es ist kaum zu bestreiten, dass dadurch die Emissionen immer weiter in die Höhe getrieben werden. Durch die Etablierung eines fleischlosen Tags ließe sich hier ein Bewusstsein für die immensen ökologischen und sozialen Kosten dieses „Genusses" schaffen.

8   **Mögliche Formulierung:**
Abschließend bleibt die Frage, inwieweit es gut und rechtens ist, in das persönliche Selbstbestimmungsrecht der/des Einzelnen im Hinblick auf das, was sie/er essen mag, einzugreifen. Meiner Meinung nach betrifft die Klimakrise und die Frage nach sozialer Gerechtigkeit aber uns alle. Mit ein wenig Aufklärungsarbeit ist es daher nicht getan – um dem Problem der unersättlichen Gier nach Fleisch und Profit zu begegnen, braucht es mehr, als ein wenig good will.

9   **Mögliche Erörterung:**
In einer Talkshow im Fernsehen habe ich vor Kurzem gehört, dass in der Öffentlichkeit die Einführung eines fleischlosen Tages diskutiert wird. Der Vorstoß der Grünen, Kantinen einen „Veggie Day" nahezulegen, stieß bei Regierungsparteien auf wenig Gegenliebe. Wie zu erwarten war, schlägt diese Debatte auch in Internetforen hohe Wellen. Keine Frage: Beim Thema Ernährung lassen wir uns ungern reinreden. Im Folgenden möchte ich die Gründe und Gegenargumente für einen solchen fleischfreien Tag diskutieren.

Es ist nicht zu bestreiten, dass der Kampf gegen den Klimawandel die alles bestimmende Thematik der kommenden Jahrzehnte sein wird. Allein aus diesem Grund ist eine Verringerung des weltweiten Fleischkonsums unausweichlich, denn wie Experten nachweisen, erzeugt die tierische Verdauung fast ein Sechstel aller klimaschädlichen Treibhausgase. Dies ist besonders verheerend, wenn man betrachtet, wie rapide der Fleischkonsum in den letzten 15 Jahren angestiegen ist. Demgegenüber steht der grundsätzlich verständliche Einwand, dass die Bürger/-innen nicht bevormundet werden möchten. Allerdings ist dieser haltlos, da einerseits der Vorschlag eines fleischfreien Tags in der Kantine lediglich auf freiwilliger Basis erfolgte und da andererseits der fortschreitende Klimawandel deutlich unangenehmere Einschränkungen in der persönlichen Freiheit nach sich ziehen wird.

Hinzugefügt werden kann auch, dass der derzeitige Fleischkonsum zu einer enorm unökologischen und ungerechten Flächennutzung geführt hat. Experten schätzen, dass etwa ein Drittel aller Anbauflächen weltweit mit Viehfutter belegt ist. Die Folge ist nicht nur, dass die grüne Lunge des Planeten dezimiert wird und wertvolle Habitate vernichtet werden, sondern auch, dass sozialer Ungerechtigkeit der Weg geebnet wird: Am Ende bringen die großen Fleischkonzerne den armen Bauern um seine Lebensexistenz. Da hilft es auch wenig, wenn – wie Gegner/-innen eines fleischfreien Tags gern anführen – sachgerechte Weidehaltung die Umwelt schützt. Derartig produziertes Fleisch würde niemals den unermesslichen Hunger danach stillen.

Abschließend bleibt die Frage, inwieweit es gut und rechtens ist, in das persönliche Selbstbestimmungsrecht der/des Einzelnen im Hinblick auf das, was sie/er essen mag, einzugreifen. Meiner Meinung nach betrifft die Klimakrise und die Frage nach sozialer Gerechtigkeit aber uns alle. Mit ein wenig Aufklärungsarbeit ist es daher nicht getan – um dem Problem der unersättlichen Gier nach Fleisch und Profit zu begegnen, braucht es mehr, als ein wenig good will.

Teste dich! – Die drei Grundformen des Schreibens unterscheiden

Seite 26

1 **a + b Mögliche Zuordnung der Grundformen:**
1. Abschnitt (Z. 1–6): Erzählen:
reales Geschehen, persönliche Erfahrung, subjektive Wahrnehmung, einige sprachliche Mittel
2. Abschnitt (Z. 7–16): Informieren:
sachlich, Expertenwissen, informieren, Wiedergabe von Fakten, Sachkenntnis, kaum/keine sprachlichen Mittel, dokumentieren
3. Abschnitt (Z. 17–27): Argumentieren:
Darlegung der eigenen Position, Appell, überzeugen, Aufforderung, persönliche Erfahrung, Standpunkt, Meinung, Glaubwürdigkeit, anschauliches Beispiel

Einen argumentativen Sachtext lesen und verstehen

Seite 27–32

1 **a + b** Redesituation: Eröffnungsrede einer Veranstaltung,
Redner: Bundespräsident Frank-Walter Steinmeier, Öffentlichkeit der Rede, Publikum: Messebesucher, geladene Gäste
Problem: digitale Medien fördern oftmals unvollständige Sprache, Neigung zur extremen Kürze von Aussagen
Thema bzw. die Absicht: diesem Hang zur Kürzung entgegenzuwirken und stattdessen die Notwendigkeit der Ausführlichkeit zu betonen, insbesondere, wenn es um wichtige Debatten geht, die auf Onlineplattformen, in Internetforen etc. geführt werden

2 **a Mögliche unbekannte Begriffe:**
analoge Institution (Z. 4) = hier: reale Person; freigeistig (Z. 6) = frei im Denken; Etikette (Z. 9 f.) = höfliche Verhaltensregeln; Grobschlächtigkeit (Z. 13) = Derbheit; Kollaboration (Z. 27) = Zusammenarbeit; toxisch (Z. 32) = giftig; grassierend (Z. 33) = um sich greifend, sich ausbreitend; Empathie (Z. 41) = Bereitschaft und Fähigkeit, sich in andere Menschen hineinzuversetzen; legitim (Z. 43) = rechtmäßig, gesetzlich anerkannt; kontrovers (Z. 58) = entgegengesetzt
b C Der Redner plädiert für eine verantwortungsvolle Kommunikation im Internet.

3 Hashtag mit einem vorangestellten Rautezeichen markiertes Schlüssel- oder Schlagwort in einem [elektronischen] Text
Longread ausführliche, lange journalistische Texte im Internet
Podcast zeitunabhängig hörbare Audiodatei, die aus dem Internet heruntergeladen oder direkt gestreamt werden kann
NetzDG Gesetz zur Verbesserung der Rechtsdurchsetzung in sozialen Netzwerken

4 **Thesen:** Notwendigkeit einer verantwortungsvollen Debattenkultur betrifft jeden (vgl. Z. 10 f. und Z. 17 f.), Kommunikation im Netz ist ein Gewinn für die Gesellschaft (vgl. Z. 20–23), digitaler Fortschritt kann der Demokratie dienen (vgl. Z. 28 ff.), Frage nach den Regeln für eine sinnvolle Kommunikation ist sehr aktuell (vgl. 36 ff. und 45 f.), verantwortungsvolle Debatten benötigen Zeit und Regeln (vgl. Z. 48, 52 f. und 55 ff.)
Argumente: ausführliche Argumentationen dienen der verantwortungsvollen Kommunikation im Netz (vgl. Z. 14–16), digitale Kommunikation kennt keine Grenzen (vgl. Z. 24–28), Notwendigkeit des Schutzes von Vernunft und Zivilität (vgl. Z. 39–44), aktueller Bedeutungszuwachs journalistischer Langformen im Netz (vgl. Z. 48 ff.)

5 B Kommunikation über das Internet stellt einen Gewinn für die Gesellschaft dar.

E Verantwortung und Respekt müssen in der digitalen Kommunikation eingefordert werden.

F Sinnvolles Argumentieren muss in einer Demokratie einen hohen Stellenwert haben.

6 Mögliche Begründungen:

1. ... weil Wertschätzung und Vertrauen anderen Menschen gegenüber enorm wichtig sind.

2. ... weil ausführliche Texte dazu dienen, wichtigen Themen ausreichend Zeit zu widmen.

3. ... weil nur durch Regeln eine sinnvolle, faire Kommunikation im Internet möglich ist.

7 Mögliche Ergänzung des Lückentextes:

Frank-Walter Steinmeier führt an, er freue sich sehr über das Motto „Lob des langen Arguments" **der Messe. Er betrachte es nämlich als einen** notwendigen Weckruf gegen die Verkürzung und Vereinfachung / wichtigen Appell an die vielfach praktizierte möglichst knappe und einfache Kommunikation (vgl. Z. 15 f.).

Ergänzend fordert er: „Wenn uns die Zukunft dieser Demokratie am Herzen liegt, dann müssen wir uns um die politische Debattenkultur im Netz gemeinsam kümmern!" / , dass die Gesellschaft bezüglich der Zukunft eines demokratischen Landes an einem Strang ziehen und jeder für verantwortungsvolle Debatten im Internet Sorge tragen muss (vgl. Z. 17 f.).

Bezüglich der Umsetzung einer angemessenen Kommunikationskultur im Internet appelliert Steinmeier also an die gesamte Gesellschaft: Privatpersonen, Wirtschaft und Wissenschaft.

8 A das Publikum von der Notwendigkeit einer verantwortungsvollen Kommunikation im Internet zu überzeugen.

9 a Mögliche Ergänzung:

Sprachliches/rhetorisches Gestaltungsmittel	Textbeispiel
Bildhafte Formulierung / Metapher	„dieses Motto ist ein Weckruf" (Z. 14)
Alliteration	Zeitgeist von „Verkürzung und Vereinfachung" (Z. 15 f.)
Wortwahl und Sprachstil	**„Debattenkultur" (Z. 14), „Kollaboration" (Z. 27), „Zivilität" (Z. 5)**
Bildhafte Formulierung, Metapher	„die Währung" einer guten Debatte (Z. 52)
Personalpronomen „uns"	„Wenn uns die Zukunft [...] am Herzen liegt" (Z. 17)
Ich-Botschaften	**„Ich kann Ihnen versichern [...]" (Z. 9), „Ich glaube [...]" (Z. 10)**

b Mögliche Erläuterung der Wirkung sprachlicher/rhetorischer Gestaltungsmittel:

1 [...] **dass** es ihm enorm wichtig ist, der oftmals unvernünftigen und verantwortungslosen Debattenkultur im Netz entgegenzutreten.

2 Der Redner sendet viele Ich-Botschaften an sein Publikum (z. B. Z. 9, Z. 10). Das vermittelt den Zuhörenden Glaubwürdigkeit und Nähe. Steinmeier zeigt dadurch, dass auch er die von ihm befürworteten Regeln einhalten will. Zugleich wird klar, dass er sich als Privatperson mit denselben Problemen konfrontiert sieht wie jeder andere auch.

3 Bildhafte Formulierungen wie „dieses Motto ist ein Weckruf" (Z. 14) oder „die Währung" einer guten Debatte (Z. 52) veranschaulichen den Inhalt der entsprechenden Passage. Wenn das Motto als „Weckruf" bezeichnet wird, verstehen die Zuhörenden, dass es sich um ein dringendes Problem handelt, das die Initiative der Einzelnen erfordert. Wenn man geweckt werden soll, steht in der Regel ein wichtiger Termin an, den man nicht verschlafen soll. In der Rede ist damit gemeint, dass es höchste Zeit ist, die Debattenkultur verantwortungsvoll zu gestalten.

Eine Kurzgeschichte erschließen

Seite 33–36

1/2 Der Text wirkt negativ und aussichtslos, da er von Misstrauen und unüberwindbaren Problemen erzählt.

3 a sprachlich keine Hinweise auf das Geschlecht der erzählenden Figur, einziger inhaltlicher Hinweis: Abwertung von

Männern („Männer kapieren überhaupt nichts." Z. 18) weist auf Identifikation mit Frauen hin.

b Anführungszeichen: siehe Lösungsvorschlag zu Aufgabe 6 a.

c Ohne Anführungszeichen wirkt der Text dichter, man taucht als Leser/-in stärker in die Gedanken der erzählenden Figur ein. Erst beim zweiten Lesen gelingt es, die Figuren und deren Äußerungen zu trennen und einzuordnen. Außerdem wird so deutlich, dass es der erzählenden Firgur schwerfällt, zwischen ihren eigenen Gedanken und Gefühlen und jenen der anderen zu unterscheiden.

d Erzählform: Ich-Erzähler/-in; Erzählverhalten: personal

4 a Die Aussagen **C** und **D** geben das Thema gemeinsam genau wieder.

b Der Titel ist einem Satz am Textanfang entnommen (vgl. Z. 2 f.). Er fasst den zentralen Schluss zusammen, den die Teenagerin aus der Ehe ihrer Eltern zieht: Vertrauen ist unmöglich. Die Leser/-innen werden umgangssprachlich direkt angesprochen.

5 **Vorgeschichte (Rückblende):** Trennung der Eltern, neue Ehe von Johanna (Mutter) mit Lee (US-Amerikaner, Stiefvater), währenddessen Affäre mit Carlos (von Lee zunächst unbemerkt, inzwischen vorbei), Johanna besucht eine Freundin, sie kehrt verspätet und aufgewühlt von dem Besuch zurück, Lee wirft ihr Untreue vor. – **Gegenwart (aktuelle Handlung):** Zeitpunkt bleibt unbestimmt, schwerer Streit/Beziehungskrise zwischen Johanna und Lee. – **Zukunft (Vorausdeutung):** dauerhafte Störung der Beziehung zwischen Johanna und Lee; Plan der Ich-Erzählerin, ihre Familie bald zu verlassen.

6 **a** Aussagen über Johanna, wörtliche Rede von Johanna, *Aussagen über Lee*, **wörtliche Rede von Lee**, Anführungszeichen sind gesetzt (s. Aufgabe 3 b), Aussagen der Ich-Erzählerin über sich selbst (s. Aufgabe 8 a)

Was ich bei Johanna und Lee, *Lee ist mein amerikanischer Stiefvater*, außerdem beobachte: Du kriegst nichts geglaubt, nicht in der Ehe, nichts, was nicht total plausibel klingt. Ich habe, anders als Lee und als vorher mein Vater, einen Blick dafür, speziell für Johanna, und ich weiß, wann sie schummelt, wann aber auch ganz und gar nicht. Und ganz und gar nicht den geringsten Anlass, dran zu zweifeln, gabs, als sie Lee zum ich weiß nicht wievielten Mal erklärte: „Ich hab mit Carlos einen saublöden Abend verbracht. Ich schwörs dir." Sie setzte die Wörter voneinander ab, wie eine Lehrerin, die in der ersten Klasse ein Diktat gibt.

Ich wusste, sie hatte sich diesen Carlos endgültig abgeschminkt. So was merke ich ihr einfach an, für mich wars sonnenklar, aber *Lee blieb stur*, wie es Jahre zuvor mein Vater geblieben wäre, *stur und bitterböse.* Männer kapieren überhaupt nichts. Männer und Frauen, dazwischen liegen Welten, ich meine, wenn es hart auf hart kommt. Oder so: Diese Welten liegen immer zwischen ihnen, aber in Friedenszeiten fällts keinem auf.

Lee konnte nur immer wieder fragen: **„Und warum bist du so ewig mit ihm in diesem Bistro hängengeblieben, wenns so saublöd war?"**

Sie sehen nur Fakten, Uhrzeiten, sie sind Vermesser, die Männer. Unser Familienleben regt mich wirklich nicht zu der Absicht an, jemals zu heiraten. Nicht, wenn ich an meinen Vater denke, und durch Lee hat sich daran weniger als wenig geändert.

Und *alles andere als hellsichtig benahm Lee sich,* als Johanna noch wirklich an Carlos interessiert war. Ich sah auch das sofort, sie machte sich was aus ihm – hat mir übrigens nicht gefallen, sie führte sich albern auf –, aber *Lee war arglos,* wie ein Mistkäfer, der in der Mitte vom Waldweg krabbelt und nicht am Rand, wo die Radfahrer und die Fußgänger ihn mit geringerer Wahrscheinlichkeit niederwalzen.

Jetzt, bei Johannas grässlicher Rückkehr – sie hatte eine Freundin besucht, aber hauptsächlich, um bei der Gelegenheit Carlos zu treffen –, jetzt sprachen sämtliche Indizien gegen sie. Männer lieben Indizien. Da war zum Beispiel Johannas Fahrlässigkeit. Sie hatte in einem Taxi ihre Plastiktasche liegengelassen, mit nichts Wichtigem drin, aber immerhin. So was passiert ihr sonst nicht. „Johanna ist in manchen Dingen eher überkorrekt, mein Lieber", hätte ich beinah zu Lee gesagt, aber das hätte die Sache erst recht verdächtig gemacht. Und dann: Seit wann verschläft eine Frau, die so selten mal lang und gut schläft wie Johanna? Sie hat anrufen und eine spätere Ankunft mit dem Bus ankündigen müssen. *Als Lee sie immer wieder darauf festnagelte und Johanna wegen ihres guten langen Schlafs beargwöhnte –* **„ist er gut im Bett, der Schuft",** und so weiter –, schrie Johanna plötzlich: „Mein Gott, ich war so nervös und auf der ganzen Fahrt im Bus so, ich weiß auch nicht, so entfremdet, ich hab nichts mehr verstanden, ich hatte Angst, und die Gegend war, als wäre ich nie dort gewesen, ich hab immer noch Angst, dass ich geisteskrank werde.

Oder dass ichs schon bin, geisteskrank."

Lee lachte, es hörte sich furchtbar feindselig an. Aber er war so todunglücklich wie sie, das muss ich zu seiner Ehrenrettung sagen. Dass er ihr niemals glauben würde, in all den kommenden Jahren, nie und nimmer, *das ist für ihn so schlimm wie für sie.* Das kapierte ich plötzlich. Ich hasste sie beide, und beide liebte ich. Aber lang werde ich hier nicht mehr bleiben.

b **Mögliche Stichworte** (über beide Figuren erfährt man kaum etwas, das über den aktuellen Streit hinausgeht, charakterliche Zuschreibungen ergeben sich aus der Sicht der Ich-Erzählerin): **Johanna:** Mutter der Ich-Erzählerin („Johanna und Lee, Lee ist mein amerikanischer Stiefvater, [...]" (Z.1f.); wechselnde Beziehungen/Ehen; Kommunikationsprobleme/Streit mit Lee; führt sich albern auf, wenn sie verliebt ist; manchmal eher überkorrekt; hat Schlafprobleme; beschreibt sich selbst als nervös, entfremdet, verängstigt, hat Sorge, sie könne geisteskrank werden oder schon sein – **Lee:** Amerikaner; erkennt nicht, wann Johanna schwindelt; eifersüchtig, argwöhnisch; ist stur und wütend; leidet unter der Situation.

7 **Umgangssprachliche Formulierungen:** z.B. „saublöden Abend" (Z.10), „abgeschminkt" (Z.14f.); „sonnenklar" (Z.16); „kapieren" (Z.18); „kapierte" (Z.68) – **auffällige Wiederholungen:** „Du kriegst nichts geglaubt, nicht in der Ehe, nichts, was nicht total plausibel klingt." (Z.2–4); „jetzt sprachen sämtliche Indizien gegen sie. Männer lieben Indizien" (Z.41–43) – **allgemeingültige Aussagen:** „Du kriegst nichts geglaubt" (Z.2f.); „Männer und Frauen, dazwischen liegen Welten [...]" (Z.18f.); „Sie sehen nur Fakten, [...], die Männer." (Z.26f.); „Männer lieben Indizien." (Z.42f.) – **für mündlichen Sprachgebrauch typischer Satzbau:** zeigt sich v.a. in Einschüben und Nachträgen, z.B. in den ersten drei Sätzen (vgl. Z.1–11).

8 **a** Aussagen der Jugendlichen, aus deren Sicht erzählt wird, über sich selbst sind bei Aufgabe 6a markiert.

b + c **A** zwischen 17 und 20 Jahren; wahrscheinlich, dass sie noch zu Hause lebt, aber plant, sich von der Familie zu lösen – **B** *mehrere Möglichkeiten:* selbstsicher in ihren Aussagen, insbesondere über Johanna, z.B.: „Ich weiß, wann sie schummelt" (Z.6); „Ich wußte, [...]" (Z.14); „So was merke ich ihr einfach an" (Z.15); ohne Illusionen in ihren Ansichten über Ehe und Familie, z.B.: „Du kriegst nichts geglaubt [...]" (Z.2f.), „Unser Familienleben regt mich wirklich nicht zu der Absicht an, jemals zu heiraten" (Z.27f.), über Männer, z.B.: „Männer kapieren überhaupt nichts" (Z.18), „[...] sie sind Vermesser, die Männer" (Z.26f.); voreingenommen in Bezug auf ihre verallgemeinerten Erfahrungen, sie glaubt, die Zukunft voraussehen zu können, aber sie muss noch lernen, die eigenen Erfahrungen zu relativieren und Alternativen zu überdenken – **C** distanziert wegen der nüchternen Art, in der sie ihre Vermutungen über Johannas Innenleben darstellt; vertraut, enge Verbundenheit, Einfühlungsvermögen; zugeneigt, zeigt sich in Parteinahme für die Mutter, emotionale Äußerung: „Ich hasste sie beide, und beide liebte ich" (Z.68f.) – **D** an einem Wendepunkt, letzter Satz: Sie will sich von der Familie lösen und ihr eigenes Leben führen (vgl. Z.69f.).

9 Z.1–5, Z.27f.: Trennung der Eltern, Ehe wenig attraktiv – Z.4f.: Vater hat Johanna nie verstanden, ihr nicht geglaubt – Z.16f.: unter der Sturheit des Vaters hat Ich-Erzählerin gelitten – Z.18–22: unüberwindbare Abgründe in der Beziehung zwischen Männern und Frauen infolge von Verschiedenheit der Geschlechter – Z.26–30: mangelndes Einfühlungsvermögen der Männer, infolgedessen unbegründetes Misstrauen (vgl. Z.65–67) → insgesamt negative Sicht auf Männer, Ehe und Familie; Ursache: Erfahrungen mit leiblichem Vater und mit Lee.

Seite 37–38

1 **Mögliche Einleitung** s. Aufgabe 6.

2 **Mögliche Fortführung der Satzanfänge: Die Jugendliche erzählt von** einer Beziehungskrise zwischen ihrem Stiefvater Lee und Johanna. **Vermutlich ist die Jugendliche die Tochter von Johanna, denn** sie bezeichnet deren Ehemann als ihren Stiefvater. Auch spricht sie von „[u]nser[em] Familienleben" (Z. 27 f.). **Über Johanna und ihre Beziehungen erfährt man, dass** sie vom Vater der Jugendlichen getrennt lebt und jetzt mit dem US-Amerikaner Lee verheiratet ist. Zwischenzeitlich hatte Johanna eine Affäre mit Carlos, den sie bei einer Freundin treffen wollte. Diese Affäre ist vorbei, führt aber verspätet zu einem Streit mit Lee. **Während sich in der Vergangenheit also einiges ereignet hat, besteht die äußere Handlung zum Zeitpunkt des Erzählens** in einem Bericht der Jugendlichen über diesen Streit, seine Vorgeschichte und ihre eigene Haltung dazu. **Die Jugendliche erwartet für die Zukunft** einen dauerhaften Vertrauensverlust zwischen ihren Eltern, der diese unglücklich werden lässt. **Sie kommt zu dem Schluss,** dass sie die Familie verlassen will.

3 **a** Der Text ist überwiegend umgangssprachlich geprägt, was an Formulierungen wie „*Du kriegst nichts geglaubt*" *(Z. 2–3)* deutlich wird. Weitere Beispiele für eine am Mündlichen orientierte Sprachebene sind Adjektive wie „*saublöden*" *(Z. 10)*. Diese vor allem auch in der *Jugendsprache* anzutreffenden Wörter machen deutlich, dass es sich bei der Ich-Erzählerin um die Tochter Johannas handelt, die hier ihre *Eindrücke* schildert. Hierzu passen gerade am Beginn des Textauszuges die zahlreichen *Einschübe*, die an einen *Bericht* erinnern.

b Die Ich-Erzählerin stellt in ihren Überlegungen die Charaktereigenschaften von Männern allgemein zusammen. Sprachlich wird das durch Aufzählungen sichtbar, so z. B. in Z. 26 f., wo es heißt, dass Männer „nur Fakten, Uhrzeiten" sehen und deshalb „Vermesser" (Z. 27) seien. Damit wird die Berechenbarkeit der Männer betont.

4 geringer Umfang (ca. 1 DIN-A4-Seite) – alltägliches Geschehen (Streit zwischen Eltern, Heranwachsende) – unmittelbarer Einstieg (mitten im Redefluss der Jugendlichen, worauf das „außerdem" [Z. 2] im ersten Satz hinweist) – zielstrebiger Handlungsverlauf (vorwiegend in der Vorgeschichte/Rückblende: Johannas Reise, Affäre und der Streit bei der Rückkehr; läuft direkt auf den Konflikt in der Gegenwartsebene zu) – offener Schluss (Absichtserklärung ohne Hinweise auf Umsetzung, zugleich Wendepunkt der Handlung) – Alltagssprache, Satzbau wie im mündlichen Sprachgebrauch (s. Aufgabe 7, S. 36)

5 **Zwei mögliche Ausarbeitungen der angebotenen Anregungen:** Typisch ist die dargestellte Situation nur, wenn (in Familien) nicht ehrlich miteinander gesprochen wird. Wo die Kommunikation funktioniert, werden sich derart aussichtslose Perspektiven nicht auftun. – Das Männer-/Frauen-/Familienbild der Jugendlichen ist stark von Schwarz-Weiß-Malerei bestimmt. „Schubladendenken" erschwert nur den Umgang miteinander. Besser ist es immer, auf den Einzelnen einzugehen.

6 **Mögliche Interpretation der Kurzgeschichte:**
(Einleitung) Die Kurzgeschichte „Du kriegst nichts geglaubt" von Gabriele Wohmann aus dem Jahr 2006 zeigt, wie familiäre Erfahrungen das Menschenbild eines jungen Menschen prägen. Im Mittelpunkt der Geschichte steht eine Jugendliche, aus deren Sicht erzählt wird und die sich von ihrer Familie löst.
(Hauptteil, Inhalt/Aufbau der Geschichte) Die Jugendliche erzählt von einer Beziehungskrise zwischen ihrem Stiefvater Lee und Johanna. Vermutlich ist die Jugendliche die Tochter von Johanna, denn sie bezeichnet deren Ehemann als ihren Stiefvater. Auch spricht sie von „[u]nser[em] Familienleben" (Z. 27 f.). Über Johanna und ihre Beziehungen erfährt man, dass sie vom Vater der Jugendlichen getrennt lebt und jetzt mit dem US-Amerikaner Lee verheiratet ist. Zwischenzeitlich hatte Johanna eine Affäre mit Carlos, den sie bei einer Freundin treffen wollte. Diese Affäre ist vorbei, führt aber verspätet zu einem Streit mit Lee. Während sich in der Vergangenheit also einiges ereignet hat, besteht die äußere Handlung zum Zeitpunkt des Erzählens in einem Bericht der Jugendlichen über diesen Streit, seine Vorgeschichte und ihre eigene Haltung dazu. Die Jugendliche erwartet für die Zukunft einen Vertrauensverlust zwischen ihren Eltern, der diese unglücklich werden lässt. Sie kommt zu dem Schluss, dass sie die Familie verlassen will.
(Figuren und ihre Beziehungen zueinander; Verdeutlichung, um welche Figur es geht) Das Alter der Jugendlichen liegt vermutlich zwischen 17 und 20 Jahren, denn in diesem Alter plant man typischerweise, sich von der Familie zu lösen. Das Verhältnis der Jugendlichen zu ihrer Mutter wirkt einerseits distanziert, denn sie nennt sie beim Vornamen und beschreibt ihr Innenleben vergleichsweise teilnahmslos. Andererseits zeigt sich in ihrem großen Einfühlungsvermögen in die Gefühle der Mutter und im Verständnis dafür eine große Verbundenheit. Zudem nimmt die Jugendliche Partei für Johanna und steht ihr offenbar weniger abgeklärt gegenüber, als es die Kurzgeschichte zunächst darstellt. Auch ihren Stiefvater mag sie, obwohl sie ihn kritisiert, das macht der vorletzte Satz deutlich: „Ich hasste sie beide, und beide liebte ich" (Z. 68 f.). Die Jugendliche wirkt selbstsicher, denn sie ist in ihren Aussagen sehr bestimmt und sicher, insbesondere in ihren Aussagen über Johanna: „Ich weiß, wann sie schummelt" (Z. 6); „Ich wusste, ..." (Z. 14); „So was merke ich ihr einfach an" (Z. 15). Über Ehe und Familie macht sie sich keine Illusionen, wenn sie z. B. sagt: „Du kriegst nichts geglaubt [...]" (Z. 2), „Unser Familienleben regt mich wirklich nicht zu der Absicht an, jemals zu heiraten" (Z. 27 f.). Schon der leibliche Vater hatte Johanna zuvor nie verstanden, ihr nicht geglaubt (Z. 4 f.) und sie mit seiner Sturheit gequält (vgl. Z. 16 f.). Von Männern hält die Jugendliche insgesamt wenig, sie „kapieren überhaupt nichts" (Z. 18) und sie „sind Vermesser, die Männer" (Z. 26 f.). Indem sie ihre Erfahrungen verallgemeinert und glaubt, die Zukunft voraussehen zu können, zeigt sie, dass sie noch lernen muss, die eigenen Erfahrungen zu relativieren und Alternativen zu überdenken. Der Schluss der Kurzgeschichte deutet darauf hin, dass die junge Frau an einem Wendepunkt steht: sie will sich von der Familie lösen und ihr eigenes Leben führen (vgl. Z. 69 f.).
Über Johanna und Lee erfährt man nur sehr wenig. So bleiben ihre äußeren Lebensumstände völlig im Dunkeln, weder gibt es Hinweise auf ihren Beruf noch auf ihr Alter, ihr Aussehen oder Ähnliches. Die wenigen Fakten, die aus den Äußerungen der Jugendlichen abzuleiten sind, und die wenigen direkten Aussagen über die beiden ergeben ein undeutliches Bild: So erscheint Johanna als eine Frau, die mit sich selbst und in ihren Beziehungen zu Männern einige Probleme hat. Nach der Rückkehr von ihrer Reise spricht sie von Verunsicherung („nervös" Z. 56, „entfremdet" Z. 57 f.) und äußert sogar die Angst, geistes-

krank zu werden oder schon zu sein (vgl. Z.60f.). Dazu passt, dass sie an Schlaflosigkeit leidet (vgl. Z.50) und ihrem Anspruch auf Überkorrektheit nicht in allen Lebenslagen gerecht werden kann (vgl. Z.46f.). Ihre Beziehungen zu Männern scheinen schwierig und instabil zu sein. Welche Rolle ihre Tochter in ihrem Leben spielt, erfährt man nicht. Noch weniger erfährt man über Lee. Es fehlt ihm offenbar an Einfühlungsvermögen für Johanna (Z.4; Z.31) und er ist nicht in der Lage, den Konflikt positiv aufzulösen (Z.65–67). Sein Verhalten beschreibt die Jugendliche sehr bildhaft zunächst als Arglosigkeit (Z.35), dann Argwohn (Z.52f.), schließlich Sturheit (Z.65f.). Im Streit reagiert er nicht versöhnlich, sondern feindselig (Z.63).

(Erzähler) Formal zeigt der Text die typischen Merkmale der Textart „Kurzgeschichte". Er ist sehr kurz und umreißt eine alltägliche Situation, nämlich einen heftigen Streit zwischen Eltern, geschildert aus der Sicht der Tochter. Sie ist die erzählende Figur, die aus personaler Sicht erzählt. Die Geschichte setzt unmittelbar ein, mitten im Redefluss der Jugendlichen. Darauf weist das „außerdem" (Z.2) im ersten Satz hin. Die Handlung, die zur Situation geführt hat, wird in der Rückblende entwickelt. Die aktuelle Handlung in der Gegenwart findet zu einem unbestimmten Zeitpunkt statt und ist hauptsächlich davon geprägt, dass die Jugendliche die Situation persönlich kommentiert und ihren Standpunkt darlegt. Die Kurzgeschichte schließt mit einer Vorausdeutung auf die dauerhafte Störung der Beziehung zwischen Johanna und Lee und dem Hinweis darauf, dass die Jugendliche ihre Familie bald verlassen will.

(sprachlich-stilistische Gestaltung) Da das Erzählverhalten personal ist, erzählt die Jugendliche aus ihrer Innensicht heraus und bewertet die Dinge ausschließlich persönlich. Sie verwendet Alltagssprache und umgangssprachliche Formulierungen, wie z.B. „zum ich weiß nicht wievielten Male" (Z.9), „saublöden Abend" (Z.10), „abgeschminkt" (Z.14f.); „sonnenklar" (Z.16); „kapierte" (Z.68). Umgangssprachlich ist ebenfalls, dass sie die Verben mit ‚es' zusammenzieht, z.B. „gabs (Z.8), „ich schwörs" (Z.11), „für mich wars" (Z.16). Für den mündlichen Sprachgebrauch typisch ist auch der Satzbau, der von Einschüben und Nachträgen bestimmt ist, z.B. in den ersten drei Sätzen (vgl. Z.1–11). Es finden sich einige Passagen in direkter Rede (vgl. Z.10f., Z.23–25, Z.56–61), die ebenfalls umgangssprachliche Wendungen enthalten. Um bestimmte Sachverhalte besonders eindrücklich zu erklären, benutzt die Jugendliche auffällige Vergleiche, z.B. „[...] wie eine Lehrerin, die in der ersten Klasse ein Diktat gibt" (Z.12f.) oder „Lee war arglos wie ein Mistkäfer, der [...]" (Z.35–38). Ihre Einschätzung der Situation fasst sie in sehr allgemeingültige Aussagen, z.B. „Du kriegst nichts geglaubt" (Z.2f.), „Männer und Frauen, dazwischen liegen Welten [...]" (Z.18–19), „Sie sehen nur Fakten, [...], die Männer" (Z.26f.) oder „Männer lieben Indizien" (Z.42f.).

(evtl. Besonderes) Eine Besonderheit fällt auf: Die direkte Rede ist ohne Anführungszeichen in den Text eingefügt. Infolgedessen müssen die Lesenden manche Abschnitte zweimal lesen, um den Sinn zu erschließen. Man fühlt sich vollkommen in die Gedanken und Gefühle der Jugendlichen eingebunden.

(Schluss) Die Darstellung der seelischen Situation der Jugendlichen und ihrer Denkhaltungen ist sehr dicht. Das Bild, das die Jugendliche vom Verhältnis zwischen Männern und Frauen im Allgemeinen und von Familien zeichnet, ist jedoch stark schwarz-weiß gemalt. Gerade weil die Darstellung so emotional ist und man tief in die Gedankenwelt der Jugendlichen eintaucht, braucht man eine Weile, bis man die Situation auch von außen betrachten kann. So wird deutlich, dass Vorurteile und „Schubladendenken" nur den Umgang miteinander erschweren. Die Probleme scheinen zudem weniger mit Geschlechterrollen und mehr mit fehlender Kommunikation zu tun zu haben: Würden alle Figuren in dieser Geschichte offen und ehrlich miteinander sprechen, dann gäbe es die beschriebenen Konflikte vermutlich nicht.

7
●●●
Habe ich in der Einleitung den Namen des Autor / der Autorin, den Titel, die Textsorte und das Thema bzw. die Kernaussage des Textes genannt? – Habe ich im Hauptteil die Ergebnisse meiner Analyse in Bezug auf den Inhalt und den Aufbau der Geschichte, die Figuren / ihre Beziehungen zueinander, der erzählenden Figur / die Erzähltechnik und die sprachliche Gestaltung nachvollziehbar dargelegt? – Habe ich am Schluss Stellung zum Text genommen oder eine persönliche Bewertung abgegeben?

Ein Gedicht untersuchen

Seite 39–41

1 **a + b** In der Randspalte kannst du z.B. Inhaltliches notieren, aber auch erste Ideen zur sprachlichen Gestaltung, Wirkung o. Ä.

2 **a** Naturerleben an einem herbstlichen Abend

b Die erste Strophe schildert **eine ruhige Flusslandschaft mit Segelboot.** Im roten Licht des Sonnenuntergangs sind **die Umrisse des Bootsführers** erkennbar. In der zweiten Strophe richtet sich **der Blick auf den Herbstwald mit rot gefärbtem Laub,** Waldesrauschen ist zu hören. Schließlich wird in der dritten Strophe **das Anbrechen der dunklen Nacht in der Ferne** thematisiert.

c Die passende Erläuterung ist **A**.

3 **a** Im Gedicht tritt die Sprecherin / der Sprecher völlig zurück. Sie/Er wird nicht ausdrücklich benannt.

b Die Sprecherin / Der Sprecher wirkt ruhig und ergriffen von dem Naturschauspiel. Formulierungen wie „ungeheure Glätte" (V.2) oder „groß des Schiffers Silhouette" (V.4) weisen darauf hin. Die Szenerie wird in harmonischen, Ruhe ausstrahlenden Bildern positiv dargestellt, wie man etwa an der Nennung des gemächlich dahinfließenden Flusses (V.2) und dem offensichtlich ruhig segelnden Schiff (vgl. V.3–4) erkennen kann. Der Verweis auf die Urne (V.10) und die Nacht (V.12) sowie die gesamte Szenerie, die vom Ende des Tages und vielleicht auch des Lebens handeln, weist aber auch auf eine melancholische Stimmung hin.

4 **a** Strophen: 3 – Verse: 4 – Reimform: Kreuzreim (a b a b/c d c d/e f e f)

b Metrum: (fünfhebiger) Jambus

c Gesamteindruck: harmonisch – geordnet

5 Sprachliche Bilder und mögliche Deutungen:

Textbeleg (mit Vers)	Sprachliches Bild (Art)	Wirkung (Deutung)
– „Der Strom schwimmt weiß […]" (V. 2)	– Personifikation (Naturelemente/ vermenschlicht)	– […] (Farb-)Assoziation: Wasseroberfläche steht in scharfem Kontrast zum Abendrot, Stimmungsbild natürliche Erscheinungen werden umgekehrt; der in der untergehenden Sonne glänzende Fluss wird zum Schwimmer in einer rot angestrahlten Landschaft; vom Bild geht Ruhe und Harmonie aus; der/die Wahrnehmende ist offensichtlich tief vom Naturschauspiel beeindruckt
– „Ein Segel kommt. Es hebt sich […]" (V. 3)	– Personifikation	– Ruhe/Gelassenheit, da weiche Bewegung; rechtzeitige Heimkehr vor der Dunkelheit die weiße Farbe des glänzenden Flusses aus Vers 2 (vgl. das wahrscheinlich auch weiße Segel) werden wieder aufgenommen
– „[…] steigt des Herbstes Wald mit roten Häuptern" (V. 5/6)	– Personifikation	– rot gefärbtes Laub des Herbstwaldes erinnert an rote Haarschöpfe die rötliche Färbung der Wälder wird vom roten Abendlicht intensiviert
– „wie Rauschen der Kitharen" (V. 8)	– Vergleich	– Rauschen des Herbstwalds erinnert an Musik, zarte Klänge (ergreifend), Farbe und Laute verbinden sich
– „Das Dunkel ist […] ausgegossen" (V. 9)	– Metapher	– betont die Allgegenwart des nächtlichen Dunkels, aber auch dessen Vergänglichkeit durch den Vergleich mit vergossenem Wein, der weggewischt werden wird Vergänglichkeit, nicht weil der Wein weggewischt werden kann, sondern weil er eben vergossen ist, verrinnt, versickert und durch die Dunkelheit das Licht erlischt, so wie Wasser Feuer löscht
– „Wie blauer Wein aus […] Urne" (V. 10)	– Vergleich	– Vergleich mit der Urne verstärkt die Assoziation mit der Vergänglichkeit
– „Und ferne steht, vom Mantel schwarz umflossen" (V. 11)	– Personifikation	– Nacht wird bald ihren Bühnenauftritt haben
– „Die hohe Nacht auf schattigem Kothurne" (V. 12)	– Personifikation	– hohe Nacht „thront", erhaben über die Natur, breitet Schutzmantel aus; Eindruck: harmonisch, aber zugleich erscheint die Nacht auch machtvoll (vgl. „thront") und bedrohlich bzw. das Ende des Tags / des Lebens andeutend (vgl. „Urne")
– „Dunkel" (V. 9), „umflossen" (V. 11), „Kothurne" (V. 12)	– dunkle Vokale	– Dunkelheit – Eindruck des machtvollen, geheimnisvollen und den Betrachter tief beeindruckenden Naturschauspiels wird intensiviert

6 Glätte (V. 2); Kitharen (V. 8); klaren (V. 6); umflossen (V. 11)

7 **a + b Markierte Farben** (mögliche Wirkung im Gedichtzusammenhang): Purpur**rot** (V 1; Sonnenuntergang, Kontrast zur Abenddämmerung)/rot (V. 6; feuriges, loderndes Leuchten, herbstlicher Laubwald) – **weiß** (V. 2; absolute Helligkeit/Licht, scharfer Kontrast zur Dunkelheit, spiegelglatt glänzend, Farbe der Reinheit, hohe Strahlkraft) – **blau** (V. 10; Ruhe, blauroter Schimmer schweren Rotweins) – **schwarz** (V. 11; Vergänglichkeit, Dunkelheit, Kontrast zu Weiß/Helligkeit)/**dunkler** (V. 7/V. 9; ähnlich wie bei der Farbe Schwarz: Vergänglichkeit, Tod, Bedrohung)

c **Der Farbwechsel bewirkt, dass der Leser / die Leserin** sich die Abendstimmung anschaulich vorstellen kann. Wie in einer Rundumbewegung entsteht ein ausdrucksvolles, farbenprächtiges Panoramabild.

8 Im Kern des Gedichtes geht es um den Lebensabend. Dieser Eindruck entsteht dadurch, dass zwar Bilder des Überganges vom Tag zur Nacht geht, durch die Farben und Metaphern entsteht aber der Eindruck, dass es vom Leben und dem Tod handelt. Insgesamt wirkt das Gedicht auf die Lesenden daher düster und gleichzeitig beruhigend.

Eine Dramenszene untersuchen

Seite 42–45

1

Ignatius Dullfeet ⬭ Betty Dullfeet ⬌		Arturo Ui	Givola
– Zeitungsbesitzer in Cicero – verfasst kritische Artikel über Ui	– Ignatius' Ehefrau – vermittelt zwischen Ignatius und Ui	– Kleinganove – kontrolliert Gemüsehandel in Chicago – will auch in Cicero Macht ergreifen – gewalttätig und skrupellos	– Vertrauter Uis – besitzt Blumenladen

2 **a + b** In dem Szenenausschnitt aus dem Drama „Der aufhaltsame Aufstieg des Arturo Ui" von Bertolt Brecht aus dem Jahr 1957 bittet Betty ihren Mann aus Angst vor Rache, keine Artikel gegen Ui mehr zu schreiben. Ignatius versucht, Uis skrupellose Methoden zu kritisieren. Ui erwartet von Ignatius, dass er nichts Schlechtes mehr über Ui berichtet.

3 A3, B4, C5, D1, E2

4 Arturo Ui: **A, C, D, E, F**; Ignatius Dullfeet: **B, G**

5 **A** richtig (Z. 9–15),
B richtig (Z. 16–17),
C falsch (Dullfeet möchte, dass die Ladenbesitzer am besten gar keinen Schutz vor Angriffen benötigen, während Ui weiter Schutzgelder erpressen möchte; Z. 70–71, Z. 74–79.)
D falsch (Der Verbrecher Ui hofft, dass die Presse nicht mehr über seine Straftaten berichtet; Z. 104–107, Z. 127–128.)
E falsch (Ui fordert, dass in Zukunft Rechtsverstöße seiner Handlanger als versehentliche Einzelfälle übersehen werden; Z. 114–128.)

6 **a + b** Dullfeet: Ich zögerte zu kommen, weil **ich mich sorgen muss, dass sie mir nach dem Leben trachten.**
Deutung: Ui lenkt die Aufmerksamkeit von sich auf Dullfeet und **schmeichelt ihm mit einem Kompliment.**
Dullfeet: Ich fühlte es mitunter meine Pflicht / Mich gegen Sie und **Ihre Machenschaften auszusprechen.**
Deutung: **Ui verharmlost seine Verbrechen.**
Dullfeet: Gewalt **ist immer der falsche Weg, Menschen für sich zu gewinnen.**
Deutung: **Ui täuscht vor, er habe Gewalt nur gegen seinen Willen angewandt. Er meint, sie sei nur notwendig gewesen, weil die Bewohner zu dumm und uneinsichtig gewesen wären.**

7 Die Szene illustriert sowohl Uis **Skrupellosigkeit** als auch seine **Wortgewandtheit.** Er lässt Dullfeet kaum zu Wort kommen und weiß das Gespräch so zu führen, dass er allein seine eigenen Interessen durchsetzen kann. Er verharmlost das Vorgehen seiner Gangsterbande und verfolgt das Ziel, die **Pressefreiheit zu unterdrücken.** Dullfeet ist erkennbar **eingeschüchtert** und leistet **keine echte Gegenwehr.** Er neigt zur **Vorsicht/Zurückhaltung.** Die Szene zeigt somit eindrucksvoll, wie schnell vernünftige, kompromissbereite Menschen von skrupellosen Machthabern übergangen werden.

Was kannst du schon? – Grammatik

Seite 46–47

1 **a** für – mit – bei – während – in – durch – Mit   7 Punkte
b Nomen im **Genitiv:** (während) des Essens, der Nahrung – … **Dativ:** (mit) dem Essbesteck, (bei) Tisch,   12 Punkte
(bestimmten) Konventionen, (seinen) Tischnachbarn, (mit vollem) Munde – … **Akkusativ:** (für) den Umgang,
Tischregeln, (keinen) Einblick, (in) die […] Zermalmung, (durch) den Kauapparat

2 **a** ⬜1 Plusquamperfekt – ⬜2 Präteritum – ⬜3 Präsens – ⬜4 Präsens – ⬜5 Perfekt – ⬜6 Futur I   6 Punkte
b A Nachdem ich die SMS abgeschickt hatte, überkamen mich Zweifel.   2 Punkte
  B Aber während ich die Antwort las, lösten sich diese Zweifel sogleich auf.

3 **A** = Konjunktiv I – **B** = Indikativ – **C** = Konjunktiv I – **D** = Konjunktiv II   4 Punkte

4 **A** (Passiv): Das störende Handyklingeln wurde (vom Redner) ignoriert.   2 Punkte
B (Aktiv): Der Saaldiener bat die junge Frau, das Handy auszuschalten.

5 **a–c** A […] habe ich entnommen, dass Sie einen Ausbildungsplatz für Modedesign anbieten. (Objektsatz) –   10 Punkte
  B Da ich selbst sehr modebewusst bin und gern zeichne und male, bewerbe ich mich […]. (Kausalsatz) –
  C Die Art von Kleidung, die Sie in Ihren Modeläden anbieten, entspricht genau meinem Stil. (Relativsatz)

6 **a + b** A **Obwohl** diese Kleidung […] ungewöhnlich war, kombinierte […] – **B** […] betonen, **indem** er sich für   12 Punkte
etwas Auffallendes entschied. – **C** […] dieses Outfit gewählt, **weil** er sich darin besonders wohlfühlte. –
D Nachdem Charles Parseval die Werbeagentur betreten hatte, erstarrte er: […]

7 Infinitivkonstruktion: **A, D** – Partizipialkonstruktion: **B, C**   4 Punkte

Rund ums Nomen

Seite 48

1 **a + b** **A** nach = Dativ – **B** auf = Akkusativ – **C** mit = Dativ – **D** Trotz = Genitiv – **E** Für = Akkusativ

2 **A** Bitte stellen Sie sich an das Ende der Schlange. – **Wohin** stellen Sie sich? → Kasus: Akkusativ; **B** Entschuldigung, treten Sie bitte meinem Dackel nicht auf die Pfoten! – Wohin sollen Sie nicht treten? → Kasus: Akkusativ; **C** Könnten Sie sich bitte mit dem Kleingeld beeilen – hinter Ihnen warten noch viele! – **Wo** warten noch viele? → Kasus: Dativ; **D** Neben dem Restpostenständer gibt es noch eine Kasse! – **Wo** gibt es noch eine Kasse? → Kasus: Dativ

Rund ums Verb

Seite 49

1
a **A** beschreibt, gewesen ist – **B** habe, geändert hat – **C** ging, kleidete – **D** durfte, ließ – **E** verbot, geschminkt hatte – **F** gebogen waren, gab
b Vorzeitigkeit: **A, B, E** – Gleichzeitigkeit: **C, D** – Nachzeitigkeit: **F**

2 ~~zwang~~/zwingt – ~~ausging~~/ausgehe – ~~waren~~/sind – war/~~ist~~ – ging/~~geht~~ – hatte/habe – ~~mochte~~/mag

3
●●●
a Situation ist Vergangenheit, demnach stehen die **Hs im Präteritum: A** Nachdem die Großeltern sich vorgestellt hatten, [...] – **B** Bevor [...], stellte Großvater sich Großmutters Eltern vor. – **C** Als [...], fielen ihm seine ungeputzten Schuhe auf.
b A + a – B + c – C + b

Seite 50–51

1
a + b Verbformen (~~nicht vom Indikativ Präteritum zu unterscheiden~~ → Ersatzform) und mögliche Antworten: **A** Wie (~~reagiertest du~~) **würdest** du **reagieren,** wenn dir jemand an den Haaren **ziehen würde?** Ich **würde** ihn **bitten,** das zu unterlassen. – **B** Was **tätest** du, wenn deine Eltern dich auf einmal (~~siezten~~) **siezen würden?** Ich **bekäme** einen Lachanfall. – **C** Was (~~antwortetest du~~) **würdest** du **antworten,** wenn ein älterer Herr dir im Bus seinen Platz **anböte?** Ich **würde** erfreut **annehmen.**

2 Mögliche höfliche Formulierungen: **A** Könnten Sie bitte das Fenster schließen? – **B** Würdest du bitte schweigen? – **C** Dürfte ich bitte hier durch? – **D** Dürfte ich bitte das Salz haben? – **E** Könntest du mir bitte mal helfen? – **F** Würdest du bitte nach Hause gehen? – **G** Könnten Sie mich bitte nicht stören? – **H** Mögen Sie das bitte wegnehmen?

3
a **B** Würde das Essen nicht widerlich schmecken, ließe ich es nicht stehen. / Wenn das Essen nicht widerlich schmecken würde, ließe [...]. – **C** Hätte ich ein Taschentuch, würde ich meine Nase nicht am Ärmel abwischen. / Wenn ich ein Taschentuch hätte, würde [...]. – **D** Wäre der Kaffee nicht so heiß, würde er ihn nicht so laut schlürfen. / Wenn der Kaffee nicht so heiß wäre, würde [...]. – **E** Benähmen wir uns falsch, würden wir es an den Reaktionen merken. / Falls wir uns falsch benähmen, würden [...]. – **F** Sprächest du nicht mit vollem Mund, könnte man dich besser verstehen. / Wenn du nicht mit vollem Mund sprächest, könnte [...].
b **B** Schmeckt das Essen widerlich, lasse ich es stehen. / Wenn das Essen widerlich schmeckt, lasse [...] – **C** Wenn ich ein Taschentuch habe, muss ich meine Nase nicht am Ärmel abwischen. / Habe ich ein Taschentuch, muss [...]. – **D** Ist der Kaffee heiß, schlürft er ihn lautstark. / Wenn der Kaffee heiß ist, schlürft [...]. – **E** Benehmen wir uns falsch, merken wir es an den Reaktionen. / Falls wir uns falsch benehmen, merken [...]. – **F** Wenn du mit vollem Mund sprichst, kann man dich schlecht verstehen. / Sprichst du mit vollem Mund, kann [...].

Seite 52–54

1 Mögliche Wiedergabe in der indirekten Rede *(einleitender Hauptsatz):* **A** *Der Deutsche Knigge-Rat merkt an,* in der Klasse gehe die Begrüßung oft im Chaos unter. Das sei schade, denn später im Beruf werde zwingend erwartet, andere mit Respekt und Achtung zu begrüßen. Dabei sei es gleichgültig, wie man zu ihnen stehe. – **B** *Der Deutsche Knigge-Rat hebt hervor,* das sorglose Verschlafen des Unterrichtsbeginns verärgere nicht nur Lehrer/-innen, sondern auch Mitschüler/-innen. Es sei sehr rücksichtslos. – **C** *Der Deutsche Knigge-Rat unterstreicht,* bei persönlichen Gesprächen sei das Handy die Nervensäge Nummer eins. Es bimmele und fiepe überall in den bizarrsten Klingeltönen herum und raube den anderen Gesprächsteilnehmern die Geduld. *Der Rat mahnt dringend,* man solle Handys in persönlichen Gesprächen zur Seite legen.

2 *Der Deutsche Knigge-Rat betont,* primitive Redeweisen würden vor allem auf den Redner selbst zurückfallen. Sie würden unsympathisch und abstoßend wirken. Beleidigungen würden den anderen verletzen. Dadurch entstünden die meisten Streitfälle bis hin zur Gewaltanwendung.

3 **A** hätten – **B** stärkten – **C** würde [...] verbessern – **D** drücke [...] aus – **E** würde [...] unterstützen

4 a + b Ich sagte, ... **A** ich hätte geschwiegen. (Konjunktiv II) – **B** du werdest lachen. (Konj. I Futur) – **C** sie habe gesungen. (Konj. I Perfekt) – **D** ihr habet gestritten. (Konj. I Perfekt) – **E** er komme. (Konj. I Präsens) – **F** ich sei gefallen. (Konj. I Perfekt)

5
●●●
In Satz **A** muss der Konjunktiv II verwendet werden, weil der **Konjunktiv I im Perfekt nicht vom Indikativ Perfekt zu unterscheiden ist:** ..., ich habe geschwiegen. (→ hätte)

6 Die Leiterin des „Fit for life"-Seminars hob hervor, Höflichkeitsregeln habe es schon immer gegeben, es gebe sie in allen Kulturen und es werde sie auch in Zukunft geben, auch wenn sie sich verändern würden.

Seite 55

1 a + b **A** Die Deutschen schätzen die Niederlande als besonders entspanntes Urlaubsland.
Die Niederlande werden von den Deutschen als besonders entspanntes Urlaubsland geschätzt.

B Sie genießen häufig die kleinen, aber wichtigen Unterschiede.
Die kleinen, aber wichtigen Unterschiede werden (von ihnen) häufig genossen.
C Niederländer erledigen Einkäufe in der Stadt gern mit dem Fahrrad.
Einkäufe werden von Niederländern in der Stadt gern mit dem Fahrrad erledigt.
D Beim ersten Sonnenstrahl bevölkern sie die zahlreichen Straßencafés.
Die zahlreichen Straßencafés werden beim ersten Sonnenstrahl von ihnen bevölkert.

2 a Bei der Begrüßung wird von Franzosen in der Regel „Bonjour!" verwendet. Von Jugendlichen und Bekannten wird das umgangssprachliche „Salut!" benutzt. Eine Freundin wird mit „bises" (Küsschen) auf beide Wangen begrüßt. Ein Mann wird von einem anderen Mann eher per Handschlag begrüßt. Das Begrüßungsritual wird dann mit einem rituellen „Comment allez-vous?" oder „Comment vas-tu?" fortgesetzt. Weniger förmlich wird einfach „Ça va?" gefragt. Damit wird aber nicht wirklich das Befinden erfragt. Entsprechend wird nicht sogleich über die aktuellen Wehwehchen berichtet. Geantwortet wird üblicherweise immer mit „Ça va bien, merci."

b Mögliche Verbesserung unter Verwendung des Aktivs und der Passiv-Ersatzformen:
Bei der Begrüßung sagt man in Frankreich in der Regel „Bonjour!". Jugendliche und gute Bekannte benutzen das umgangssprachliche „Salut!". Jemand, den man näher kennt, lässt sich mit „bises" (Küsschen) auf beide Wangen begrüßen. Ein Mann ist von einem anderen Mann eher per Handschlag zu begrüßen. Das Begrüßungsritual lässt sich dann mit einem rituellen „Comment allez-vous?" oder „Comment vas-tu?" fortsetzen. Weniger förmlich fragt man einfach „Ça va?" Damit erfragt man aber nicht wirklich das Befinden des Angesprochenen. Entsprechend ist nicht sogleich über die aktuellen Wehwehchen zu lamentieren. Man antwortet vielmehr immer mit „Ça va bien, merci."

Teste dich! – Rund ums Verb

Seite 56

1 a Richtig sind die Aussagen **A**, **B**, **C** und **E**. Falsch ist Aussage **D**. 5 Punkte
b 1 + A − 2 + C − 3 + E − 4 + B 4 Punkte

2 Aktiv, *Passiv:* Vor hundert Jahren *wurden* Kinder strenger *erzogen.* Es gab viel striktere Regeln. Wer sie nicht 11 Punkte
befolgte, *wurde bestraft.* Die Eltern *wurden* von ihren Kindern *gesiezt.* Zur Begrüßung machten Mädchen einen Knicks und Jungen verbeugten sich tief. Dabei *wurde* die Kappe vom Kopf *gezogen.* Bei Tisch *wurde* nicht *geredet.* Es *wurde* erst *gegessen,* wenn der Vater „Guten Appetit!" gewünscht hatte.

3 besprochen worden waren – bat – könne – solle – erschrak – erinnerte 6 Punkte

Insgesamt zu erreichende Punktzahl: **26 Punkte**

Texte überarbeiten mit Hilfe von Proben

Seite 57–58

1 **A** Sehr gern möchte ich mein zweiwöchiges Berufspraktikum [...]. Mein zweiwöchiges Berufspraktikum möchte ich sehr gern [...]. – **B** Seit der Teilnahme am Planspiel „Börse" der Stadtbank [...]. Für den Handel mit Wertpapieren [...].

2 **a + b** *(Mögliche Verbesserungen):* Gern möchte ich mein Betriebspraktikum in der Stadtverwaltung machen, da die Stadtverwaltung *(diese)* für mich ein interessanter künftiger Arbeitgeber ist. Am liebsten würde ich mein Praktikum beim *(städtischen)* Kulturservice der Stadtverwaltung absolvieren, aber auch andere Bereiche der Stadtverwaltung wären für mich interessant. Ich verspreche mir von einem *(solchen)* Praktikum in der Stadtverwaltung gute Einblicke in die organisatorischen Abläufe einer großen Verwaltung und auch einen Einblick in die unterschiedlichen städtischen Aufgaben, die in der Stadtverwaltung *(einer Stadt unserer Größe)* koordiniert werden müssen.

3 **Mögliche Verbesserung** (mit eingefügten Informationen): Das zweiwöchige Schulpraktikum, das vom 14. bis 28.05. 20xx vorgesehen ist, würde ich sehr gern in Ihrem Unternehmen absolvieren. Ich darf unterschiedliche berufstypische Tätigkeiten ausüben, allerdings ohne eigene Verantwortung. Im Betrieb muss eine Betreuung durch einen festen Ansprechpartner gegeben sein und gegen Ende des Praktikums wird mich eine Lehrerin besuchen.

4 **a–c** Überflüssiges/Falsches, Verbesserungen, *(Randbemerkungen):*
[...], ich möchte sehr gern das zweiwöchige Schülerpraktikum *(Art des Praktikums?)*, das vom 14. bis 28. Mai 20xx *(Wann? Dauer?)* von unserer Schule durchgeführt wird, in Ihrem Architekturbüro absolvieren. Ich bin 16 Jahre alt und besuche die 9. Klasse des Erich-Kästner-Gymnasiums in Erlangen *(Welche Schule? Klasse?).* Der Beruf der Architektin interessiert mich sehr *(Satz beginnt abermals mit ich -> umstellen),* daher würde ich gern den beruflichen Alltag *(Wiederholung)* näher kennenlernen, um bei meiner Berufsentscheidung sicherer zu werden. Meine Lieblingsfächer in der Schule sind je nachdem Mathematik und Kunst und Sport. eher so Schwierige Aufgaben in der Geometrie finde ich besonders faszinierend. Im Betrieb meiner Mutter *(Art des Betriebs?),* der Werkzeuge herstellt, helfe ich seit zwei Jahren *(Dauer?)* immer mal wieder ein bisschen im IT-Bereich aus und bin deshalb relativ sicher habe somit bereits wertvolle Erfahrung im Umgang mit dem Computer. [...]

17

Rund um Sätze

Seite 59–61

1 Kausalsatz: Warum …? Aus welchem Grund …? – Konditionalsatz: Unter welcher Bedingung …? – Finalsatz: Wozu …? Mit welcher Absicht …? – Konsekutivsatz: Mit welcher Folge …? – Konzessivsatz: Trotz welcher Umstände …? – Temporalsatz: Wann …? Seit/bis wann …? Wie lange? – Modalsatz: Wie …? Auf welche Weise …? – Adversativsatz: Was passiert im Gegensatz zu …?

2 Falls/Wenn/Sofern – sodass – Obwohl/Obgleich/Auch wenn – indem *(auch möglich:* wenn)

3 A […], weil ich gern etwas Schönes aus Holz herstelle. – B […], weil mein Vater mir immer sagt, dass […] – C […], weil mir mein Praktikum in der Zahnarztpraxis sehr gut gefallen hat.

4 a + b A Trotz welcher Gegengründe? obwohl/obgleich/auch wenn – B Warum? weil *(ist hier richtig)* – C Unter welcher Bedingung? falls/wenn/sofern

5 a + b Mögliche Satzgefüge, die Reihenfolge von Hs und Ns kann abweichen, Konjunktion:
●●● A *Mit welcher Absicht?* Viele junge Menschen […], damit sie nach der Ausbildung nicht arbeitslos sind. – B *Trotz welcher Umstände?* Obwohl/Obgleich Schülerinnen und Schüler ihre Noten kennen, können sie […]. – C *Mit welcher Folge?* […] mit den Schulfächern überein, sodass ein Blick auf das letzte Zeugnis […]. (auch möglich: *Warum? Weil/Da* berufliche Kompetenzen […] übereinstimmen, gibt ein Blick […].) – D *Was passiert im Gegensatz zu …?* Eine Schulnote bewertet eher das fachliche Wissen, während/wohingegen Arbeitgeber […].

6 Mögliche Sätze, die Reihenfolge von Hs und Ns kann abweichen, *Konjunktion:*
A (Ns + Hs) *Obwohl* viele Schülerinnen und Schüler sich vor der Berufswahl genau informieren, sind nicht wenige von den tatsächlichen Anforderungen im Beruf überrascht. – (Hs + Hs) Viele Schülerinnen und Schüler informieren sich vor der Berufswahl genau, *trotzdem* sind nicht wenige von den tatsächlichen Anforderungen im Beruf überrascht. – B (Hs + Hs) Eine gute Ausbildung ist wichtig, *denn* man lernt alles für den Beruf Notwendige in Theorie und Praxis. – (Hs + Ns) Eine gute Ausbildung ist wichtig, *weil* man alles für den Beruf Notwendige in Theorie und Praxis lernt.

Seite 62

1 a + b *Infinitivkonstruktionen,* Hauptsätze:
Anstatt […] *zu verwenden,* verspricht es mehr Erfolg, jedes Schreiben […]. Eine Bewerbung zu verfassen, ohne […] zu kennen, ist meist vergebliche Mühe. *Um* […] *herauszufiltern,* sortieren Personalverantwortliche unpersönliche Standardschreiben aus. Zum guten Stil gehört es, den Namen […].

2 a A Auf Ihre Zustimmung zum Termin hoffend(,) schicken wir Ihnen vorab eine Anfahrtsbeschreibung zu. – B Den Ausbildungsvertrag senden Sie bitte(,) sorgfältig gelesen und unterschrieben(,) an die Personalabteilung.
b A Weil wir hoffen, dass Sie dem Termin zustimmen, schicken wir Ihnen vorab eine Anfahrtsbeschreibung zu. – B Senden Sie bitte den Ausbildungsvertrag, nachdem Sie ihn sorgfältig gelesen und unterschrieben haben, an die Personalabteilung.

Seite 63

1 A Meine Schullaufbahn, die ich durch Überspringen der Klasse 7 verkürzt habe, beende ich mit der Allgemeinen Hochschulreife. *(oder)* Meine Schullaufbahn, die ich mit der Allgemeinen Hochschulreife beenden werde, habe ich durch Überspringen der Klasse 7 verkürzt. – B In Französisch werde ich die DELF-Prüfung ablegen, die ich voraussichtlich mit dem Zertifikat B1 abschließen werde. – C Die Grundkenntnisse in der IT-Anwendung, die ich im Informatikkurs erworben habe, umfassen neben Programmen zur Textverarbeitung auch die Tabellenkalkulation. *(oder)* Die Grundkenntnisse in der IT-Anwendung, die neben Programmen zur Textverarbeitung auch die Tabellenkalkulation umfassen, habe ich im Informatikkurs erworben.

2 a + b […] an Austauschprogrammen, die in der Mittelstufe stattfanden, […]. […] Offenheit und Flexibilität gewonnen, welche ich gern in eine Ausbildung einbringen würde. Über eine Ausbildungsphase, die mich in eine Ihrer internationalen Niederlassungen führt, würde ich mich freuen.

3 die / ~~wo~~ – ~~das~~ / wo – die / ~~wo~~
●●●

Seite 64

1 Weil/Da – obwohl / obgleich / auch wenn – Wenn/Falls/Sofern

2 Obgleich es keine belastbaren Studien darüber gibt, beschweren sich viele über das unangemessene Verhalten von Jugendlichen. 77 Prozent der Deutschen fordern ein Unterrichtsfach „Benehmen", während Lehrer wenig von Benimmunterricht halten. Sie kritisieren einen diktierten Anstandskanon, weil dieser kaum überzeugend sei und unweigerlich bei einigen Schülerinnen und Schülern zu Trotz führen würde. Vielmehr übernehmen Jugendliche angemessenes Verhalten von selbst, sofern ihnen ein freundlicher Umgangston und gegenseitige Wertschätzung vorgelebt werden.

3 ihm, sein, seine: Adolph Knigge – Daher: Vielmehr war es […] zu fördern. – Diese: seine Schrift „Über den Umgang mit Menschen"

4 Stattdessen – Dabei – ihm – darum – Sein – Deshalb

5 **a + b** Weil Knigges Buch bereits zu seinen Lebzeiten sehr erfolgreich war, wurde es nach seinem Tod immer wieder über-
●●● arbeitet. Damit wurde aber auch der Inhalt bis zur Unkenntlichkeit verändert, wodurch eine Anstandsfibel mit völlig anderer Zielsetzung entstand. Daher würde sich Knigge unzweifelhaft im Grab umdrehen, wüsste er, was aus seinem Werk geworden ist.

Teste dich! – Satzgefüge

Seite 66

1 A + c – B + e – C + a – D + f – E + b – F + d | 6 Punkte

2 Nachdem Julius seine Bewerbung eingeworfen hatte, fiel ihm auf, dass er vergessen hatte, seinen Text auf | 12 Punkte
Rechtschreibfehler durchzusehen. Obwohl er in Rechtschreibung nicht sicher war, fiel das nicht weiter ins Gewicht, da sein Brief falsch adressiert war und deshalb wieder zurückkam. Ihm wurde erst endgültig klar, wie viel Glück er gehabt hatte, als ihm beim Öffnen des Briefes auffiel, dass das Zeugnis, das er beigelegt hatte, das seines Bruders war. Julius nutzte seine zweite Chance und brachte alles in Ordnung, bevor er die Bewerbung erneut in den Briefkasten warf. Tatsächlich bekam Julius den gewünschten Ausbildungsplatz als pharmazeutisch-technischer Assistent, der besondere Sorgfalt und gewissenhafte Dokumentation erfordert.

3 Subjektsatz: **B** – Adverbialsatz: **C** – Relativsatz: **A, G, I** – Objektsatz: **F** – Partizipialkonstruktion: **E** –
Infinitivkonstruktion: **D, H** | 9 Punkte

Insgesamt zu erreichende Punktzahl: | **27 Punkte**

Was kannst du schon? – Rechtschreibung

Seite 67–68

1 **a + b** Beim Rechtschreiben hilft kein Raten. Vielmehr sollte zunächst ein genaues Lesen der Regeln erfolgen. | 14 Punkte
Nach dem Studieren der Regeln gilt es, Gelerntes in Ruhe anzuwenden und Unklares im Wörterbuch nachzuschlagen. Wenn ihr Gleichaltrigen Regelhaftes erklärt, haben alle eine gute Übung. Das Anlegen einer Rechtschreibkartei bzw. das Klären der eigenen Fehlerschwerpunkte ist außerdem sinnvoll.

2 Nominalisierung: **B, C, E, H** – keine Nominalisierung: **A, D, F, G.** | 8 Punkte

3 **a + b** **A** das **A**lte Testament – **B** die **B**laue Grotte (von Capri) – **C** das **S**chwarze Meer – | 12 Punkte
D der **B**erliner Lyriker – **E** das Drama der **W**eimarer Klassik – **F** der **E**rste Weltkrieg

4 **A** getrennt schreiben – **B** zusammenfassen – **C** auswendig lernen – **D** haften bleiben/haften-bleiben –
E richtig schreiben | 5 Punkte

5 **A** blau machen – **B** blaumachen – **C** richtigliegen – **D** richtig liegen – **E** richtigstellen – **F** richtig stellen | 6 Punkte

6 **A** Bestes 4 (sein Bestes, das Beste) – **B** Lob 4 (ein Lob, nettes Lob) – **C** äußerlich 2 (äußerlich = außen) – | 9 Punkte
D dass 3 (Konjunktion, denn *welches* passt nicht) – **E** einleuchtend 1 (einleuchtende) – **F** das 3 (Relativpronomen,
denn *welches* passt) – **G** Spaß 4 (viel Spaß) – **H** reißt 1 (reißen) – **I** Public Relations 5 (Anglizismus:
Öffentlichkeitsarbeit, Werbung)

Groß- und Kleinschreibung

Seite 69

1 **a** **A** […] Schreiben durch das Diktieren von Texten trainiert. **B** Im Allgemeinen galt: Der Text wurde zuerst im Ganzen vorgelesen. **C** Danach […], Fragen war nicht erlaubt. **D** Im Falle eines Nichtmitkommens ließ […]! **E** Zum Schluss sollte
deutliches und langsames Vorlesen des gesamten Textes Zeit zum Ergänzen und Überarbeiten geben.
b **Mögliche Erweiterungen:** Satz **A**: das (mehrfache) Schreiben – Satz **D**: (das/ein/langes) Fragen

2 Diktierens – (etwas) Gehörtes – mitschreiben – Einfaches – Verrückte – (etwas) Fehlerhaftes – Nötigsten – Nachdenken – Schreiben – ungewohnte – Stehen – irritierend – Korrigieren – mitschreiben – Sitzen – ab und zu – üben – (etwas) Geschriebenes – Kennen

3 **Mögliche Begründung:** „ab und zu" = adverbiale Wendung, im Satzzusammenhang kein Nomenbegleiter, darum keine Nominalisierung. „üben"= Grundform des Verbs, ergänzend zum Modalverb „kann". „Geschriebenes" kann im Satz durch das (Indefinit-)Pronomen „etwas" ergänzt werden = Nominalisierung. „Kennen" mit Nomenbegleiter „genaues" (Adjektiv als Attribut).

Seite 70

1 chinesische Papierproduktion seit erstem Jahrhundert nach Christus – Papier ab 800 von Arabern ins frühmittelalterliche Europa gebracht – europäische Papiermühlen bald nach der ersten Jahrtausendwende – Beispiel: spanische Mühlen zur Papierproduktion ab 1074 – Verbreitungsraum: das Heilige Römische Reich deutscher Nation – 1450 Mainzer Buchdruckerei – Frankfurter Reichstag 1454: Verkauf von Gutenberg-Bibeln – Brief des kaiserlichen Kanzleisekretärs an spanischen Kardinal Juan de Cavajal über „gutenbergische Produkte" – religiöse Schriften gewöhnlich in lateinischer Sprache – lutherische Bibelausgabe 1534 – neu: die Heilige Schrift in deutscher Sprache – Grundlage der Übersetzung: mitteldeutsche sächsische Kanzleisprache

2 Straßburger Zeit – Mainzer Fragment – mittelalterlichen Dichtung – (das) Jüngste Gericht – Mainzer Ablassbriefe – (die) Schulgrammatik des Donatus – (ein) astrologisches Blatt – lateinische Gutenberg-Bibel

Teste dich! – Groß- oder Kleinschreibung?

Seite 71

1 Nominalisierungen schreibe ich **groß.** Ich erkenne sie an ihren **Begleitwörtern:** 6 Punkte
A ein Artikel – **B** ein Pronomen – **C** ein Adjektiv – **D** eine Präposition *(bei + Artikel).*

2 **A** Wenn ein Adjektiv […], wird das Adjektiv in der Regel **kleingeschrieben,** z. B. im alten Jahr. – **B** In mehrteiligen   12 Punkte
Eigennamen […], schreibt man alle Wörter **groß,** mit Ausnahme der **Artikel, Konjunktionen** und **Präpositionen,** z. B. die **V**ereinigten **S**taaten von **A**merika. – **C** Die von geografischen Namen abgeleiteten Wörter auf -er schreibt man immer **groß,** z. B. das **B**onner Münster. – **D** Die von Namen (z. B. geografischen) abgeleiteten Adjektive auf *-isch* werden **kleingeschrieben,** z. B. der **ch**inesische Mönch.

Insgesamt zu erreichende Punktzahl: **18 Punkte**

Getrennt- und Zusammenschreibung

Seite 72–74

1 **a + b** […], konnte man erste Klagenhören (Klagen hören), die Augen würden beim Lesenleiden (Lesen leiden). Beim Bücherlesen wohlgemerkt! […] Stellungnehmen (Stellung nehmen) und sich im Internetverteufeln überbieten, […] historische Abwehrerinnern (Abwehr erinnern). Neues kann erst einmal Angstmachen (Angst machen). […] im Verbotsuchen (Verbot suchen), […], wenn wir im Internetsurfen (Internet surfen).

2 **a + b** konzentriert einarbeiten, leichtfallen, anschaulich gestalten, näherbringen, ruhig sprechen

3 glauben wollen – projizieren kann – erzeugen konnte – durchsetzen können – Kennenlernen – anwenden können – sein können – Sprechenüben – Verstehenkönnen – behalten werden – informieren lassen

4 Getrennt schreibt man **A** und **D,** zusammen **B, C** und **E.**

5 **A** zusammenbleiben (zusammen) – **B** zusammen entscheiden (getrennt)

6 a Nicht trennbare Verbindungen: hinterfragen, überlegen, übernehmen, unternehmen, überdenken, unterlassen
b Mögliche Sätze mit trennbaren Verbindungen in Zusammenschreibung: Während eines Vortrags sollte man nicht nachfragen *(Infinitiv).* – Kluge Redner reagieren nicht nachtragend *(Partizip I)* auf Störungen. – Geht es beim Vortrag um Praktisches, wird dies am besten vorgemacht *(Partizip II).* – Ein Meinungsbild erhält man, wenn das Publikum abstimmt *(Endstellung im Nebensatz).*

7 **a + b A** glauben machen, sammeln können – **B** da sein – **C** festlegen, vollbringen – **D** weiterhelfen, weitergeben – **E** hervorheben, nachgehen, einschränken, unterstützen, aufnehmen

Teste dich! – Getrennt- oder Zusammenschreibung?

Seite 75

1 **A** (zu) schätzen wissen – **B** leichtfallen – **C** Gut vortragen, hinhören – **D** haften bleiben – **E** wiedergeben   6 Punkte

2 a + b + c (a = 12 Punkte; b = 2 Punkte; c = 4 Punkte)   18 Punkte
Stellung nehmen – überdenken – unterstützen – leid sein – überflutet – Textlesen – Bilderanschauen –
schwerfallen – schwertun – Eindruck hinterlassen – herumdrücken – feststellen

Insgesamt zu erreichende Punktzahl: **24 Punkte**

Strategien zur Vermeidung von Rechtschreibfehlern

Seite 76–77

1 **t/d:** berat|schlagen (beraten) – Unterscheid|barkeit (unterscheiden) – fried|lich (Frieden)
k/g: Steig|eisen (steigen) – Lug und Trug (lügen und betrügen) – Merk|wissen (merken) – Pflug|schar (pflügen)
p/b: Lob|rede (loben) – lieb|kosen (lieben) – Hup|konzert (hupen) – Kleb|stoff (kleben) – Pump|station (pumpen)

2 18-jährige – Lernen – Abschlüsse – Englisch – Deutsch – Verstehen – nett – komisch – Pünktlichsein – Regeln – manche –
Abwechslungsreiches – Schönes – dazu

3 läuten (laut) – deutlich (deuten) – Reue (bereuen) – Gemäuer (Mauer)

4 Lähm|ung (lahm) – Ohn|macht (ohne) – sahn|ig (Sahne) – Sehn|sucht (sehnen)

5 a + b **A** geht – Leuten – Nahost – häuslich – gibt
B Schlagzeug – Heimatland – zerreißt – überraschend – Gastfamilie – ratlos – Musik
C Lernen – Leben – Neues – Vokabellernen

das oder *dass*?

Seite 78

1 **Im ersten Nebensatz** kann „das" durch „welches" ersetzt werden: Das Auslandsjahr, welches sich so viele junge Menschen
wünschen, verläuft für viele etwas anders als erwartet. – **Im zweiten Nebensatz** wird die Frage „Was (darf man nicht vergessen)?" beantwortet. Es handelt sich um einen Objektsatz, der mit der Konjunktion „dass" eingeleitet wird.

2 **A** das – **B** dass – **C** dass – **D** dass – **E** das

3 a+ b Bezugswörter: [...] im Gastland, dass (korrigiert) eine fremde Kultur [...] All das Neue, das (richtig) zu erleben [...]
Auch Heimweh ist ein Problem, das (korrigiert) von vielen [...] macht sich bewusst, dass (richtig) ein Jahr [...]
Ein Telefonat, das (korrigiert) man [...] Dass (korrigiert) sie es trotzdem [...]

Im Wörterbuch nachschlagen: Fremdwörter und Fachbegriffe

Seite 79–80

1 a + b **A** Hinweis zur Aussprache – **B** Herkunft des Fremdworts – **C** Genus/Artikel – **D** Genitiv im Singular *(Endung)* –
E inhaltliche Bedeutung(en) des Fremdworts
Hinweis: Unterscheidet sich die Endung im Nominativ im Plural, wird diese Endung hinter der Genitiv-Endung im Singular
angegeben.

2 a Bla**m**age – **Freak** – Lo**o**ping – **Rh**abarber – Leichtath**l**etik – Ps**y**chologie – Portemonn**aie**
b Portemonnaie, Portmonee

3 **A** Graphik, Grafik – **B** Atmosphäre – **C** Orthografie, Orthographie – **D** Photokopie, Fotokopie – **E** Metapher

4 a + b euforischen (euphorischen) – Higlights (Highlights) – Parties (Partys) – Scala (Skala) – Atmosfähre (Atmosphäre) –
Systhem (System) – Nivau (Niveau) – Konotation (Konnotation) – Iritationen (Irritationen) – Ruhtine (Routine) –
Hobbies (Hobbys)

5 a + b **A** Gedichtanalyse: Untersuchung eines Gedichts – **B** Antonym: Wort mit gegenteiliger Bedeutung – **C** Euphemismus:
Beschönigung eines Sachverhalts – **D** Anapher: Wiederholung eines oder mehrerer Wörter an Satz- oder Versanfängen –
E Hypotaxe: Satz, der als Haupt- und Nebensatz verknüpft ist – **F** rhetorische Frage: Scheinfrage, auf die keine Antwort
erwartet wird, da diese offensichtlich ist – **G** Sonett: Gedichtsform, die aus 14 Versen besteht – **H** Pointe: sinngebende,
meist überraschende Kernstelle z. B. einer Erzählung oder eines Witzes

Teste dich! – Strategien zur Fehlervermeidung anwenden

Seite 81

1 beim Schreiben – (das) Befolgen – ratsam – scheuen – bis ins Einzelne – (das/zügiges) Überarbeiten –   8 Punkte
wichtig – schlussendlich

2 A dass – B dass – C das – D dass – E 2 x dass   6 Punkte

3 a + b A Philosophie, Antithese – B Souvenir, Ingenieur – C Shampoo, Toilette   12 Punkte

Insgesamt zu erreichende Punktzahl: **26 Punkte**

Zeichensetzung

Seite 82

1 a + b [...] frei haben, in dieser Zeit [...] in der Schule(,) und nachmittags [...] Möglichkeit zum Shoppen, denn samstags [...] im
Verein statt(,) oder ich muss [...] in die Stadt gehen, sondern ich [...]

2 a + b Hs/Ns: Ein Shoppingverbot fände ich sinnvoll, denn Shoppen ist keine Entspannung, sondern bedeutet Stress.
Außerdem sollten wir überlegen, ob Shopping tatsächlich eine sinnvolle Freizeitbeschäftigung ist. Meine Meinung ist,
dass wir weniger neue Dinge kaufen dürfen, die dann ohnehin bald wieder im Müll landen(,) und wir dagegen mehr
Wert auf die lange Haltbarkeit unserer Sachen legen müssen. Außerdem schonen wir damit nicht nur die Umwelt,
sondern wir zeigen auch, dass wir verantwortungsbewusst handeln können.

Seite 83

1 Turnschuhe haben [...] einen Aufschwung erlebt, anstatt in der Mottenkiste zu verstauben. Statt die Modelle aus den 1980er-
oder 1990er-Jahren zu verändern, legen Schuhlabels [...]. Der Akzent liegt auf Sportlichkeit, ohne den Fuß plump wirken zu
lassen. Schlichte, flache Sneakers in Weiß zu tragen, ist nicht [...]. [...] sind Farbtupfer erkennbar, um ein bisschen aufzufallen.
[...] diejenigen, denen es gelingt, am Verkaufstag die Schnellsten zu sein. Um am nächsten Morgen als Erste das begehrte
Modell zu ergattern, übernachten [...]. Statt vom Markt zu verschwinden, ist der Schuh zu jeder Zeit ein Allrounder.

2 Ich freue mich jeden Tag aufs Neue, in meine abgetragenen Lieblingsschuhe steigen zu können.

3 Sneakers, zumal zum dunklen Anzug getragen, sind für manche Modeexperten ein Fauxpas. Vom Stoff farblich auffallend
abgesetzt, so nehmen sie dem Erscheinungsbild die Eleganz.

Seite 84

1 a + b Apposition, nachgestellte Erläuterung: In den Industrieländern landet unendlich vieles, nicht wenig davon unnötig,
im Müll. Die Stiftung „Repair Café" will daran etwas ändern, und zwar mit Unterstützung ehrenamtlicher Helfer. An vielen
Orten weltweit haben sich Gleichgesinnte zusammengefunden, um selbstlos, nämlich ohne Gewinn erzielen zu wollen,
Treffpunkte einzurichten. Diese heißen „Repair Café" und dort reparieren ehrenamtliche Mitwirkende, ausgestattet zum
Beispiel mit Schraubendrehern oder anderem Werkzeug sowie soliden Fachkenntnissen, defekte Toaster oder Fahrräder,
und zwar kostenlos. Manchmal fehlt nur ein kleines Ersatzteil, zum Beispiel eine Abdichtung oder ein Ventil, und bei der
Reparatur lernen die Laien, es selbst zu machen. Die Nutzer des Angebots, also die Eigentümer der defekten Geräte, erklären sich schriftlich damit einverstanden, dass mit der Reparatur keine Haftung verbunden ist. Wer selbst ein „Repair Café"
eröffnen will, kann sich auf der Website der Stiftung über die Möglichkeiten informieren.

2 **Mögliche erweiterte Sätze:** A Man muss die sich immer schneller drehende Konsumspirale, kaputt – weg – neu, verlangsamen. – B Es gilt, den Willen zu Erhalt und Pflege von Alltagsgegenständen, z. B. von Fahrrädern oder Handys, zu erhöhen. –
C Erwachsene müssen auf ihre Glaubwürdigkeit, z. B. in Fragen des Umweltbewusstseins, achten, denn sie werden genau beobachtet, vor allem von Jugendlichen, die ihre Eltern und Lehrkräfte beim Wort nehmen. – D Ideen für Nachhaltigkeit, und
zwar auch durch Müllvermeidung, sind willkommen.

Seite 85

1 „Beim Einkauf [...] gehandelte Produkte", betont [...] auf „ganz erheblich[e]" Summen [...] auf eine „nachhaltige [...] Produktion" geachtet. „Über 80 % der Jugendlichen hingegen", empört sich Frau Vogel, „legen auf die Marke ihrer Sneakers großen
Wert. Die Produktionsweise spielt nur selten eine Rolle!" Diese [...] sie. „Warum", fragt die Unternehmerin, „kauft man sich
[...] produzierte Kleidung?" Zum [...] Tipp: „Zertifikate [...] bei der Kaufentscheidung."

2 [...] und deshalb einfach weniger kaufen sollten. Bevor man zugreift, solle man sich die Frage stellen, ob man das Kleidungsstück wirklich benötigt. Auch Kleidung zu tauschen oder gebraucht zu kaufen sei immer eine gute Idee, da „Kleidungsstücke [...] im Durchschnitt nur viermal getragen werden, bevor [man] sie aussortiert". So könne man „in Tauschbörsen und Secondhandshops [...] oft gut erhaltene Stücke zu einem guten Preis" erstehen. Das bmz weist außerdem darauf hin, dass Kleidung, derer man überdrüssig geworden ist, nicht weggeschmissen, sondern an Kleiderkammern und soziale Einrichtungen abgegeben bzw. zum Textilrecycling gegeben werden sollten. Das ist auch dringend nötig, wenn man bedenkt, dass ansonsten „in Deutschland rund 1,35 Millionen Tonnen gebrauchte Textilien und Schuhe allein aus Privathaushalten" als Müll anfallen.

Teste dich! – Zeichensetzung

Seite 86

1 A + 3 – B + 4 – C + 5 – D + 1 – E + 2 5 Punkte

2 **a + b** Eine weitere Inspirationsquelle, um Mode zu entwerfen, kann Hollywood sein. Läuft im Kino ein großer 8 Punkte
Blockbuster, zum Beispiel ein aufwendiges Kostümdrama mit einem hohen Staraufgebot, können sich
Modeschöpfer davon beeinflussen lassen(,) und die Looks der Designer [...]. Heutzutage spielt das Internet,
eine hervorragende Plattform für Modeblogs, eine nicht unerhebliche Rolle für neue Trends.

3 Der Designer Guido Maria Kretschmer schreibt in seinem Buch „Anziehungskraft" (2013) ein Kapitel zu der 4 Punkte
Frage „Wie entstehen eigentlich Trends?" Da es auffällig sei, dass es oft ähnliche Looks (...) zu sehen gebe,
frage man sich zu Recht „Ist das Zufall oder Absicht?", so Kretschmer. Er selbst verneint [...] mit den Worten:
„Diese großen Kreativ-Egos kämen vermutlich nie auf einen Nenner!" Kretschmer schreibt weiter: „Meine
Inspiration für neue Kollektionen [...] Menschen im täglichen Leben."

Insgesamt zu erreichende Punktzahl: **17 Punkte**

Lösungen: Ich teste meinen Lernstand

Seite 87–95

1 Richtig ist Antwort **B**. 1 Punkt

2 Richtig sind die Antworten **B**, **C** und **E**. Falsch sind die Antworten **A**, **D** und **F**. 6 Punkte

3 Richtig ist Antwort **D**. 1 Punkt

4 Richtig ist Antwort **B**. 1 Punkt

5 Richtig ist Antwort **A**. 1 Punkt

6 Richtig ist Antwort **C**. 1 Punkt

7 Zu verbinden sind **A + c – B + a – C + b**. 3 Punkte

8 Mögliche Antwort: Die „Goldfisch-Theorie" bedeutet, das Außerirdische/Goldfische und Menschen 4 Punkte
in völlig verschiedenen Welten leben und sich nicht füreinander interessieren.

9 Richtig sind die Antworten **C**, **D** und **E**. Falsch sind die Antworten **A** und **B**. 5 Punkte

10 „Ohnehin werden seit Jahren immer weniger Untertassen gesichtet." (Z. 35 f.) 1 Punkt

11 Richtig ist Antwort **B**. 1 Punkt

12 Richtig sind die Aussagen **A**, **C** und **F**. Falsch sind die Aussagen **B**, **D** und **E**. 6 Punkte

13 Richtig ist Antwort **B**. 1 Punkt

14 Mögliche Begründung: Elin deutet den letzten Satz richtig, denn ein Alien / grünes Männchen 3 Punkte
empfindet „der Lust Verwandtes" (Z. 49), wenn Menschen sich gegenseitig Schmerz zufügen.

15 Richtig ist Antwort **D**. 1 Punkt

16 Richtig ist die Antwort **C**. 1 Punkt

17 den Menschen (D), ungewissen Zukunft (D), des sogenannten Kalten Krieges (G), des Konfliktes (D), (je 0,5 Punkt) 6 Punkte
dem Ostblock (D), der Invasion (D), fremder Mächte (G), überlegener Technologie (G), seelenlosen
Wesen (D), der politischen Situation (G), des Motivs (G), der Übernahme (G)

18 Mögliche Umformungen: Es gibt auch Filme, in denen die Hoffnung auf eine Verständigung mit 1 Punkt
Aliens geäußert wird./ In manchen Filmen wird die Hoffnung auf eine Verständigung mit Aliens geäußert.

19 Der Film „Contact" (USA 1997) ist eine Ausnahme innerhalb des Genres,   (Satzreihe: 1 Punkt, Umformung: 1 Punkt) 2 Punkte
denn in ihm kommt es zu einer positiven Begegnung mit Aliens.

20 „Wenn wir die Einzigen im Universum sein sollten, wäre das eine ziemliche Platzverschwendung."   2 Punkte

21 **A** Die Cutterin schnitt das Filmmaterial, nachdem die Crew die letzte Aufnahme gedreht hatte.   2 Punkte
B Nachdem der Film einen Oscar erhalten hatte, feierte die Film-Crew die Auszeichnung.

22 **E** während – **C** obwohl – **D** weil – **B** nachdem – **A** denn   5 Punkte
Mögliche Sätze: A Der Plot des Film-Klassikers „E. T. – Der Außerirdische" ist schnell erzählt, denn er ist sehr
schlicht. – **B** Elliot findet ein merkwürdiges Wesen, nachdem es versehentlich auf der Erde zurückgelassen wurde. –
C Obwohl der Außerirdische ihnen zuerst Angst einjagt, wollen Elliot und seine Geschwister ihm helfen. – **D** Die
Kinder verstecken ihn, weil die Erwachsenen nichts davon erfahren dürfen. – **E** E. T. kann nur auf seinem Heimat-
planeten überleben, während er auf der Erde bald sterben muss.

23   (je verbesserten Fehler 0,5 Punkte) 10 Punkte
G = Großschreibung, ZG = Zusammen-/Getrenntschreibung, N = Nomenbegleiter:
Fantasie wecken (ZG: Nomen + Verb) – (zum) **Nachdenken** (G: nominalisiertes Verb, N: Präposition) – **niedergeschrieben**
(ZG: Adverb + Verb) – **Problem arbeitet** (ZG: Nomen + Verb) – (das) **Entschlüsseln** (G: nominalisiertes Verb, N: Artikel) –
vorantreiben (ZG: Adverb + Verb) – **Bescheid wissen** (ZG: Nomen + Verb) – **klarkommt** (ZG: Adjektiv + Verb) – (einigem)
Drunter und Drüber (G: nominalisiertes Adverb, N: Pronomen) – (mehr) **Liebenswertes** (G: nominalisiertes Adjektiv,
N: Pronomen) – **wahrnehmen** (ZG: Adjektiv + Verb) – (sein) **Vorhaben** (G: nominalisiertes Verb, N: Pronomen) – (ins) **Wanken**
(G: nominalisiertes Verb, N: Präposition) – **leichtfallen** (ZG: Adjektiv + Verb) – **liebgewonnene** (ZG: Adjektiv + Partizip II) –
kaltzumachen (ZG: Adjektiv + Verb) – (etwas) **Leichtes** (G: nominalisiertes Adjektiv, N: Pronomen) – (etwas) **Beflügelndes**
(G:nominalisiertes Adjektiv, N: Pronomen) – (zum) **Schmunzeln** (G: nominalisiertes Verb, N: Präposition) – (ein) **Übriges**
(G: nominalisiertes Adjektiv, N: Artikel)

24 **A** Großschreibung (Nominalisierung) – **B** Zusammen-/Getrenntschreibung   2 Punkte

Insgesamt zu erreichende Punktzahl: **67 Punkte**

Bewertungsschlüssel

67–45 Punkte	44–22 Punkte	21–0 Punkte
Du liegst im guten bis sehr guten Bereich. Vielleicht siehst du dir trotzdem noch einmal die Stellen an, an denen du dich noch verbessern kannst.	**Einiges gelingt dir gut, manches musst du aber noch einmal üben.** Versuche anhand des Tests, Fehler-schwerpunkte zu entdecken, damit du gezielt wiederholen kannst.	**Du musst vieles wiederholen und noch einmal gründlich üben.** Überlege, wo besondere Fehler-schwerpunkte liegen und wie du vorgehen kannst, um dich zu verbessern.